최제우의 철학

시천주와 다시개벽

한국현대철학선

최제우의 철학

시천주와 다시개벽

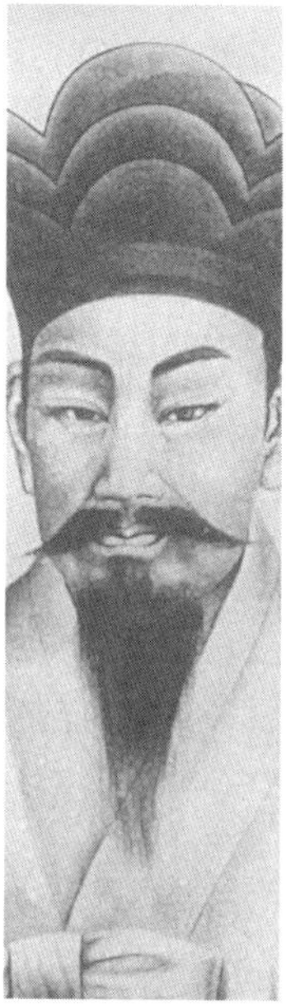

김용휘 지음

이화여자대학교출판부

| 시리즈를 펴내며 |

이제까지 한국에서의 철학 연구는 동양과 서양으로 나누어 주로 강대국(중국 · 미국 · 영국 · 독일 · 프랑스)의 사상들 가운데 주류로 알려진 것을 중심으로 이루어져 왔다. 한국에서 동양과 서양을 분명하게 분리하는 태도는 20세기 초 일본의 동양통합론에 의해 더욱 확산되고 습관화되었다. 이 때문에 전 인류의 지혜를 참조하여 자신의 문제를 해결하려는 보편적이면서도 주체적인 연구 태도는 희석되고, 전공별로 나누어진 좁은 테두리 안에 갇히게 되었다.

서양철학의 연구는 본국에서 제기된 문제와 해답을 개괄적으로 소개하거나 모방하여 한국의 현실에 적용하는 수동적 태도를 벗어나지 못했다. 이러한 실정 때문에 서양철학 문헌들에 대한 사상적 연구는, 번역과 개괄적인 소개 논문의 수는 증가했으나, 그 창의성에서는 해방 전후의 수준보다 떨어진다고 할 수 있다. 철학 교육의 차원에서도 연구 대상에 대한 주체적이고도 비평적인 설명과 평가를 제대로 하지 못하고, 일시적 유행 사조로서 혹은 임의적으로 선택된 전공이라는 이름으로, 대학 교육의 현장에서 교육되어 왔다.

동양철학으로 분류되어 왔던 동아시아 사상도 철학과마다 한두 명의 연구자를 두고는 있지만 근대 이전의 전통 사상에 대한 연구와 소개에 머물러 있다. 아시아 철학의 연구 또한 전통의 권위에 기대는 수동적 연구 태도를 벗어나지 못하거나, 일본과 중국의 선행 연구 방법에 거의 의존하는 예속적 여건을 크게 벗어나지 못하고 있다. 이러한 태도는 현대의 상황이 던지는 문제에 대응하거나 인간과 세계에 대한 이해를 새로운 방식으로 사유하고 피력하는 데에 관심을 기울이지 못하게 했다. 이 빈 공간은 현대 서양철학이 자신의 전제에 대한 깊은 음미 없이 자신을 선전할 수 있는 무대가 되었다.

한국 사상계의 이러한 타성적 관행은 최근의 관제화되고 수량화된 시장주의적 강제에 의해 인식조차 되지 못했다. 대학이 인재를 양성하는 것이 아니라 건물을 양성하고, 학술보다는 기업 이윤에 한눈팔 때, 한국 청년들의 영혼은 머리 둘 곳이 없다. 또한 창조적 문제 제기와 문제 자체에 대한 분석 및 자발적 해결의 의지에 기초하지 못하는 연구 풍토가 연구자 간의 자유로운 의사소통의 부재로 더욱 촉진되었다. 연구 공간의 시장화와 이에 따른 인간관계의 외면화가 이러한 결과를 초래했다. 그리고 이러한 상황은 연구자들 자신이 속한 역사적이고도 현실적인 조건에 대한 학술적이고도 사상적인 반성과 대응을 가로막고 있다. 특히 이 시대와 직접적으로 연관이 있는 근 백년간의 한국의 현대사상사적 흐름에 대한 주체적 관심의 결여로 철학은 자신들이 어떤 문제를 역사적으로 부여받고 있는지를 의식하지 못하고 있다. 무자각적 철학은 단지 자신들의 철학을 진공 상태에서도 통용될 수 있는 것처럼 무반성적으로 외우며 가르치는 철학 청부업일 따름인 것이다.

그동안 비주류이자 비체계적인 가치관으로 치부되어 왔던 근 백년간의 한국 사상사를 철학이라는 이름으로 연구하여 발간하는 것은 한국 사상계의 난국을 타개하는 데에 하나의 출발점이 될 수 있을 것이다. 이 출발은 근현대 한국 철학에 대한 자료를 발굴하고 연구하여 문제 해결에 도움이 되는 것은 발전시키고, 타당성이 의문시되는 관념들은 유보하거나 비판함으로써 재사유와 반성의 계기를 마련할 수 있도록 할 것이다. 이러한 의미에서 먼저 일차적으로 간단한 자료집을 해설을 첨부하여 발간하고자 한다. 그리고 차후로 한국 현대철학에 대한 본격적인 연구 논문과 연구서를 발간할 계획이다.

2011년 7월

씨알학회, 근현대 한국사상사 연구모임 일동

| 차례 |

| 머리말 |

이 시대 왜 다시 동학인가

세계 경제가 장기적인 불황과 침체의 늪에 빠져들고 있다는 우려의 목소리가 커지고 있습니다. 생태계 위기 또한 고조되고 있습니다. 세계 곳곳에서 기상이변으로 희생자가 속출하고 있으며, 기후변화는 미래의 큰 위협으로 다가오고 있습니다. 에너지 문제, 핵발전소의 위험성 역시 간과할 수 없는 문제입니다. 또한 세계는 여전히 전쟁과 내전, 분쟁과 갈등, 테러와 대테러, 대량 학살, 기아와 질병 등으로 고통받고 있습니다. 신자유주의의 세계화 이후로 민주주의 역시 후퇴하고 있습니다. 국민들의 기본권조차 시장 원리 속에서 침해당하고 있지만 대부분의 정부는 자본에 포섭당해 공정한 조정자의 기능을 하지 못하고 있습니다. 우리 삶은 점점 더 탐욕스럽고 사려 깊지 못한 소수의 사람들에 의해 지배되고 있는 듯합니다. 모든 부분에서 경쟁만 강조하면서 삶의 또 다른 원리인 협동과 유대, 존중과 배려가 사라진 숨막히는 현실과 마주하고 있습니다. 공포와 불안이 우리 삶 깊숙이 곰팡이처럼 스며들어 있고, 삶은 곳곳에서 무너져 내리고 있습니다. 한마디로 총체적인 '위기의 시대'입니다.

카를 야스퍼스(Karl Jaspers, 1883-1969)는 1949년 출간한 『역사의 기원과 목표(*The Origin and End of History*)』에서 기원전 8세기에서 2세기까지 600여 년의 기간 동안 각 대륙에서 동시 다발적으로 발생한 사유의 창조적 혁명, 새로운 종교적 에토스의 출현을 '차축시대'라는 말로 표현한 바 있습니다. 인류 역사에서 첫 번째 정신문명이 꽃핀 획기적인 시기, 첫 번째 문명의 대전환기를 가리킨 용어입니다. 그러나 이 정신문화는 그냥 꽃핀 것이 아닙니다. 고난과 고통 위에 핀 꽃이었습니다. 이 시기는 청동기, 철기문화로 접어드는 시기였습니다. 수많은 부족국가를 합병하여 거대한 제국을 건설하려는 움직임이 전 세계적으로 일어나게 되는 그야말로 전쟁의 시대이기도 했습니다. 폭력과 죽임이 일상화되던 시대였습니다. 그러한 시대에 그 폭력과 고난에 대한 응답으로 참된 인간의 길을 제시하면서 나온 것이 그리스문명, 히브리문명, 인도문명, 중국문명이었습니다.

지금은 그 문명이 큰 위기를 맞고 있습니다. 19세기부터 시작된 위기는 지금까지 계속되고 있습니다. 인류는 다시 한 번 커다란 전환을 요구받고 있습니다. 특히 지난 세기는 서양 근대의 급속한 팽창과 산업화, 제국주의와 함께 동서가 충돌하면서 근대 물질문명과 민주주의의 혜택을 확장시킨 측면도 있지만 한편으론 아시아, 아프리카, 라틴아메리카 민중들에게는 엄청난 충격과 고통을 안겨준 시기였습니다. 이 시기는 그 이전 시기에서는 생각하지 못했던 계급적 평등 문제, 인권, 여성성의 문제, 인간성 상실과 소외, 핵 문제,

그리고 무엇보다도 생명과 생태계 파괴라는 심각한 문제를 낳았습니다.

하지만 위기는 동시에 새로운 영적 도약의 기회이기도 합니다. 이 시대는 각 문화권으로 분화되었던 인류의 정신적 유산들이 지구촌 시대를 맞아 통합적 영성으로 융합되는 시대이기도 합니다. 그렇게 볼 때 19세기부터 지금까지의 시기는 어쩌면 인류 역사에서 제2의 '축의 시대'라고 할 수 있을 것 같습니다.

19세기 중엽의 수운(최제우, 1824-1864) 선생은 이 시대를 '다시개벽'의 시대라고 부르짖은 바 있습니다. 수운 선생의 '다시개벽'의 의미는 새로운 정신적·영적 도약의 가능성을 예고하고 그 길을 제시한 획기적 사상으로 해석할 수 있습니다. 동학(東學)은 본래 하나의 종교적 교단에서 출발하지 않았습니다. 동학은 본래 '동국의 학', 즉 '조선의 학'을 의미하는 것이었습니다. 예로부터 우리나라를 '동국(東國)'이라고 하고 우리 역사를 '동사(東史)'라 하고, 우리 의학을 '동의(東醫)'라고 했습니다. 마찬가지로 동국의 학문이라는 의미에서 '동학'이라고 한 것입니다. 그러므로 동학은 서학에 대한 동학이 아니라, 유학과 서학을 포함한 모든 외래 학문에 대해 '우리 학문'을 의미한 것입니다. 우리 땅의 우리 백성들에게 맞는 새로운 삶의 길을 제시했다는 의미입니다.

비록 '조선의 학'으로 출발했지만, 동학은 보편적 철학사상으로서의 가능성을 가지고 있습니다. 수운 선생의 고민은 지정학적으로 언제나 열강의 틈바구니 속에 위치할 수박에 없는 비주류 변방의 제3세계 대다수 힘없는 약소국의 고민을 대변하고 있습니다. 그러므로 동학은 요즘 학계에서 떠오르고 있는 포스트콜로니얼(postcolonial)의 시각에서도 독해할 수 있습니다. 여기에 서양 문물이 물밀듯 들어와 동서 문명이 충돌하는 그 지점에서 선생의 학문적 사색이 시작되고 있다는 것은 많은 시사점이 있습니다. 그리고 그 자신 변두리 경주 출신으로 양반이었지만 평민과 다름없는 신분적 한계 속에서 계급의 문제와 서민들의 고난을 온몸으로 체험했던 것도 큰 의미가 있습니다. 게다가 동학은 근대 문명이 하늘로 대표되는 삶의 신비를 외면하면서 생긴 인간성 상실과 정신적 궁핍의 문제에 주목하고 있습니다.

이렇듯 19세기 수운 선생의 고민은 동서가 충돌하고 서민들의 삶이 나락에 떨어지고, 하늘과 인간의 괴리가 심해지면서 생긴 삶의 총체적 위기를 떠안고 있습니다. 그리하여 그 안에는 자연스럽게 밑바닥 민중의 고난과 고통에 입각하여 동양의 유불선 삼교를 바탕으로 서학의 충격을 흡수하고 있고, 하늘과 인간의 관계의 재정립을 통해 보이지 않는 차원을 아우르면서 삶의 신비와 영성을 되살려내고 있습니다. 그러므로 동학은 오늘날처럼 삶의 신비가 가리워지고 인간의 '존엄'이 위협받고 서양의 근대 문명이 한계점에 부딪혔을 때 하나의 대안이 될 수 있는, 비록 변방의 것이지만 보편성을 가진 철학입니다. 이것이 오늘날 동학을 다시 지금의 '우리 철학'으로 되살려 깊이 읽어내야 할 이유라고 생각합니다.

2012년 11월 삼각산 아래에서 김용휘

1
최제우의 생애와 철학

1

수운의 생애와 저서

1) 수운의 삶과 동학 창도

수운 최제우(水雲 崔濟愚, 1824-1864) 선생에 의한 동학 창도는 삼정의 문란으로 대표되는 극심한 사회적 모순과 서세동점(西勢東漸)의 국가적 위기 속에서 조선 백성들의 고통을 구제하기 위해 나온 치열한 고민과 구도(求道)의 결과물이었습니다. 당시는 세도정치 하에 국정의 혼란이 가속되고 지방 수령들의 수탈이 도를 넘고 있었습니다. 게다가 계속된 가뭄으로 해마다 흉년이 들고, 전국을 강타한 전염병으로 백성들의 삶은 말할 수 없는 질곡에 빠져 있었습니다. 무엇보다도 천하의 종주국이라고 생각했던 중국이 서양 제국에 의해 힘없이 무너지는 것을 보고 엄청난 충격과 함께 이제 서양 오랑캐가 곧 조선에까지 침략해 들어올 것이라는 두려움에 휩싸여 있었습니다. 이런 위기 상황에서 수운 선생은 어떻게 하면 서양의 침략으로부터 나라를 보전하고 고통에 빠진 백성들을 편안하게 할 수 있을 것인가를 고민했습니다. 그러므로 선생의 구도 동기는 한마디로 보국안민(輔國安民)에 있었다고 할 수 있습니다. 그러면 선생의 삶을 통해 동학이 탄생하게 된 배경을 살펴보도록 하겠습니다.

수운 선생은 1824(갑신)년 10월 28일 경주 현곡면 가정리에서 탄생했습니다. 본관이 경주이고 초명은 복술(福述) 또는 제선(濟宣)이며, 나중에 이름을 제우(濟愚)로 바꾸었습니다. 자는 성묵(性默)이었습니다. 아버지는 최옥이란 분으로 근암공(近菴公)이라고 불리었습니다. 어머니는 한(韓)씨입니다. 아버지 최옥은 당시 경주에서도 꽤나 이름 있는 학자였습니다. 그러나 과거 시험과는 인연이 없었습니다. 근암공은 두 번의 상처(喪妻)를 하고 60이 넘도록 친아들 없이 조카를 양자로 삼고, 마을에서 학동을 가르치며 지냅니다. 그러다 늘그막에 혼자 지내는 것을 딱하게 여긴 제자가 혼자 사는 친척 고모(한씨)를 만나게 합니다. 그리하여 늘그막에 아들을 낳았으니 이분이 수운 선생입니다. 한씨 부인은 한 번 결혼을 한 분이었기에 당시 양반네들 풍속으로는 받아들이기 힘들었습니다. 그래서 수운 선생은 비록 서자는 아니었지만 오히려 서자보다 못한 멸시와 차별을 받습니다.

선생은 늙은 아버지의 각별한 지도와 보살핌 속에 유학 경전을 배우며 어린 시절을 보냅니다. 그러다 10세가 되던 해에 어머니가 돌아가십니다. 이때의 충격은 어린 가슴에 큰 그림자를 드리우게 했던 것 같습니다. 17세에는 그동안 아낌없는 사랑을 베풀어 주던 아버지가 돌아가십니다. 이후 3년상을 치르고나서 울산의 박씨 부인과 결혼을 했습니다. 하지만 살림은 갈수록 어려워졌습니다. 그러다가 20세에는 아버지로부터 물려받은 세간과 서적들을 화재로 인해 몽땅 잃어버리게 됩니다.

수운 선생의 성장기는 신분적 제약에서 비롯된 멸시와 어머니와 아버지의 죽음, 그리고 화재 등 불행한 사건들로 점철되어 있습니다. 선생은 신분적 제약 속에서 세상의 모순과 부조리를 누구보다도 온몸으로 절감했으며, 아버지로부터 유학을 배웠지만 그 가르침이 더 이상 현실에서는 적용되지 않는다는 것을 느꼈습니다.

화재로 모든 것을 잃은 선생은 문과에 비해 신분적 제약이 덜한 무과에 응시하기 위해 무예를 연마하기에 이릅니다. 그것이 선생의 신분에서 그나마 뜻을 펼 수 있는 유일한 길이었습니다. 수운 선생의 가계는 무인 기질이 있는 집안이기도 했습니다. 7대조 최진립(崔震立, 1568-1636) 장군은 임진왜란 때 큰 공을 세우기도 했습니다. 그러나 얼마 못 가서 활과 칼을 거두고 장삿길에 나서 팔도를 떠돌게 됩니다. 아마도 경제적 어려움과 해소되지 않는 답답증 때문이었을 것으로 짐작됩니다. 그후 약 10년간 계속된 떠돌이 생활은 도탄에 빠져 신음하고 있는 백성들의 삶을 직접 체험해 보는 계기가 되었습니다. 신동엽 시인은 이때를 다음과 같이 읊고 있습니다.

짚신 신고
水雲은, 3천리
걸었다.

1824년

경상도 땅에서 나
열여섯 때 부모 여의고
떠난 고향.

修道 길.
터지는 입술
갈라지는 발바닥
헤어진 무릎.

20년을 걸으면서,
水雲은 보았다.
八道江山 딩군 굶주림
학대,
질병,

兩班에게 소처럼 끌려다니는 農奴.
학정
뼈만 앙상한 李王家의 夕陽.[1]

방랑 생활을 접고 정착한 것은 1854년, 선생의 나이 31세 되던 해였습니다. 그때 부인 박씨는 두 아들과 함께 친정인 울산에 머물러

---

1 신동엽, 『금강』, 제2장.

있었습니다. 선생은 일단 울산으로 내려가서 가족들을 돌보며 멀지 않은 곳에 조용한 거처를 마련하고 새로운 도법을 찾기 위한 수련에 정진할 뜻을 세웠습니다. 그리하여 울산 유곡동 여시바윗골이란 곳에 초가를 마련하고 본격적인 정진에 들어갑니다. 그리고 이듬해 이곳에서 선생은 첫 번째 신비한 체험을 합니다. 금강산 유점사에서 왔다고 밝힌 한 스님이 기이한 책 한 권을 전해 주고 연기처럼 홀연히 사라지는 사건을 경험하게 되는데 이를 일명 '을묘천서(乙卯天書)' 사건이라고 합니다. 선생은 이 일을 계기로 공부 방법을 기존의 독서와 사색의 방법에서 하늘에 기도하는 종교적 수행으로 바꾸게 됩니다.

이 책이 어떤 책인지는 알려져 있지 않은데, 다만 그 중에 '하늘에 49일 기도하라'는 내용이 있었다는 것만 전해지고 있습니다. 선생은 그 책에 적힌 대로 몇 차례 '49일 기도'를 행합니다.[2] 그리하여 백 리 바깥에서 일어난 일을 앉아서 보는 등의 몇 가지 이적을 체험합니다. 하지만 그것으로 세상을 건질 수 있는 것은 아니었습니다. 여전히 세상을 건질 대도(大道)는 발견하지 못하고 그렇게 수도에 정진하는 사이에 집안 사정은 점점 더 나빠졌습니다. 이때 선생은 주위로부터 철광업을 하면 한번에 큰돈을 벌 수 있다는 말을 듣고 여기저기 돈을 끌어모아 철광업에 손을 대기에 이릅니다. 아마 한 번에 큰돈을 벌어 그동안 못했던 가장으로서의 체면도 세우고, 또

2 『도원기서(道源記書)』에는 기도(祈禱)의 가르침이 담긴 책이라고만 나와 있고, 『교회사초고(敎會史草稿)』와 『천도교서(天道敎書)』에는 '하늘에 49일 기도하라'는 글귀가 있었다고 한다.

그 돈으로 한동안은 수도에만 정진하려는 의도였을 것으로 추정됩니다.

그러나 얼마 못가 쫄딱 망하고 빚더미에 올라앉게 되었습니다. 선생의 나이 36세의 일입니다. 40이 가까운 나이에 이룬 것은 하나도 없고 처자도 건사하지 못하고 오히려 길에 나앉게 되었으니 처절한 절망감은 말로 표현할 수 없었습니다. 할 수 없이 고향 경주로 돌아갈 수밖에 없었는데, 때는 이미 한겨울에 접어든 음력 11월이었습니다. 그때의 비참한 심정을 선생은 다음과 같이 읊고 있습니다.

> 불우시지 남아로서 허송세월하였구나
> 인간만사 행하다가 거연 사십 되었더라
> 사십 평생 이뿐인가 무가내라 할 길 없다
> 구미용담 찾아오니 흐르나니 물소리요
> 높으나니 산이로세 좌우 산천 둘러보니
> 산수는 의구하고 초목은 함정하니
> 불효한 이 내 마음 그 아니 슬플소냐
> 오작은 날아들어 조롱을 하는듯고
> 송백은 울울하여 청절을 지켜내니
> 불효한 이 내 마음 비감회심 절로 난다.[3]

고향으로 돌아온 선생은 이제 도를 통하지 못하면 다시는 세상에

3 『용담유사』, 「용담가」.

나오지 않겠다는 비장한 각오로 수련에 들어갑니다. 이런 결심은 그의 입춘시 '세간중인부동귀(世間衆人不同歸)'에 잘 나타나 있습니다. 선생은 예전처럼 조용한 곳을 택해 수련할 처지도 못 되어 처자와 한 방에 머물면서 지독한 수련과 기도에 정진합니다. 이런 절박함 때문인지 다음해 4월 5일, 그의 나이 37세 되던 해 드디어 결정적인 종교 체험을 하게 됩니다.

> 뜻밖에도 사월에 마음이 선뜩해지고 몸이 떨려서 무슨 병인지 알 수도 없고, 말로 표현하기도 어려운 지경에, 어떤 신선의 말씀이 문득 귀에 들리므로 놀라서 캐어 물은즉 대답하시기를, "두려워하지 말고 두려워하지 말라. 세상 사람이 나를 상제라 이르거늘 너는 상제를 알지 못하느냐." 어찌 된 일인지 몰라 물으니, 대답하시기를 "나 또한 공이 없으므로 너를 세상에 내어 사람에게 이 법을 가르치게 하니 의심하지 말고 의심하지 말라." 묻기를 "그러면 서도(西道)로써 사람을 가르치리이까." 대답하시기를 "그렇지 아니하다. 나에게 영부 있으니 그 이름은 선약이요 그 형상은 태극이요 또 형상은 궁궁이니, 나의 영부를 받아 사람을 질병에서 건지고 나의 주문을 받아 사람을 가르쳐서 나를 위하게 하면 너도 또한 장생하여 덕을 천하에 펴리라."[4]

---

4 『東經大全』, 「布德文」, "不意四月, 心寒身戰, 疾不得執症, 言不得難狀之際, 有何仙語忽入耳中, 驚起探問, 則曰 '勿懼勿恐, 世人謂我上帝, 汝不知上帝耶?' 問其所然, 曰, '余亦無功, 故生汝世間, 教人此法,勿疑勿疑.' 曰, '然則西道以教人乎?' 曰, '不然, 吾有靈符, 其名仙藥, 其形太極, 又形弓弓, 受我此符, 濟人疾病, 受我呪文, 教人爲我, 則汝亦長生, 布德天下矣.'"

여기서 수운 선생은 하늘님[5]의 음성을 직접 듣는 종교 체험을 하게 되고, 이 체험에서 하늘님으로부터 세상 사람들의 질병을 고치고, 세상 사람들을 바르게 가르칠 도법으로서 '영부(靈符)'와 '주문(呪文)'을 받습니다. 이 하늘님 체험은 일회적으로 끝난 것이 아니라 약 6개월 동안 계속되었다고 합니다.[6] 거의 매일 하늘님과 문답을 주고받은 선생은 9월에 이르러 마침내 새로운 자각에 들어서게 됩니다.

> 상제(上帝) 가로되 "아름답도다 너의 뜻이여 가상하도다 너의 절개여. 너의 공부 이미 지극하고 너의 수련(修煉)이 이미 도수에 차고 너의 행함이 이미 원만하였으니 내 인제 너에게 무궁무궁의 조화를 내리노라." 하거늘 대신사(大神師)(水雲—필자 주) 다시 수심정기(守心正氣)하고 그 이치를 물은대, 상제 가로되 "나의 마음이 곧 너의 마음이니라(吾心卽汝心). 사람으로 어찌 이것을 알리요, 천지는 알되 귀신은 알지 못하였나니 귀신이라 함도 나이니라. 너는 이제 무궁의 도를

---

5 동학에서 부르는 궁극적 실재에 대한 명칭. 원래 『용담유사』에는 'ᄒᆞ놀님'으로 되어 있다. 『동경대전』에서는 주로 '천주(天主)'라고 표현하고 있다. 이때 '천주'는 서학의 '천주(Deus)'와는 어원이 다르다. 동학의 천주는 하늘의 주인, 창조주라는 의미가 아니라, 하늘[天]에 대한 존칭으로 님[主]을 붙인 데 불과하다. 동학의 하늘[天]은 반드시 인격적 신을 의미하는 것은 아니며 때로는 우주적 기운[至氣]으로 때로는 내재한 영[內有神靈]으로, 때로는 마음으로 해석될 수 있다. 그래서 지금 천도교에서는 위의 개념들을 포괄할 수 있는 용어로서 '한울님'이란 용어를 주로 사용하고 있다. 일단 이 책에서는 『용담유사』의 'ᄒᆞ놀님'의 현대적 표현인 '하늘님'이란 용어를 쓰기로 한다.

6 李敦化, 『天道教創建史』, 경인문화사, 1970, 15-16쪽.

받았으니 스스로 수련하고 그 글을 지어 사람을 가르치고 그 법을 바르게 하여 덕(德)을 세상에 편즉 너 또한 장생(長生)하여 천하에 소연(昭然)하게 되리라." 하거늘 대신사(大神師) 이 말을 들은 순간에 갑자기 정신에 새 기운이 돌며 마음에 새 생각이 일어나더니 이제껏 공중에서 들리던 상제의 말이 대신사의 마음 속으로 울려나와 강화(降話)의 교(教)가 되어가지고 만지장서(滿紙長書)를 내리었다. 스스로 묻고 스스로 대답하여 무궁을 외이고 무궁을 노래하니 천지(天地)·일월(日月)·성신(星辰)·초목(草木)·금수(禽獸)·인물(人物)이 한가지로 그 노래에 화답하여 억천 만리 공간이 눈앞에 있고 억천 만년의 시간이 눈앞에 있어 먼 데도 없고 가까운 데도 없으며 지나간 시간도 없고 오는 시간도 없어 백천억 무량수의 시간과 공간이 한 조각 마음 속에서 배회함을 보았었다. 대신사 스스로 기뻐하시고 스스로 즐거워하사 강화(降話)로 주문(呪文)을 외우니 가로되 "시천주영아장생무궁무궁만사지(侍天主令我長生 無窮無窮萬事知)", 이로부터 천사문답(天師問答)은 끊어지고 단순한 강화(降話)로써 무극대도(無極大道) 대덕(大德)의 이치를 발표하고 화답하게 되었다. 그리하여 홀로 수련하여 이것이 확실히 광제창생(廣濟蒼生)의 대도(大道)일까 아닐까를 체험하시다.[7]

이 글은 선생의 자각이 어떻게 심화되면서 내면화되고 있는지를

7 이돈화, 앞의 책, 15-16쪽. 글은 현대어로 다소 수정했음. 같은 내용이 오지영의 『東學史』와 『天道教書』에도 있음.

잘 보여 주고 있습니다. 이 기간에 선생의 하늘님 관념은 일대 변화를 일으키게 됩니다. 선생은 하늘님이 저 옥경대에 계시는 존엄한 인격적 실체로만 볼 수 없다는 것을 인식하게 됩니다.[8] 하늘님은 이 세상을 만들고 저 너머에 계신 초자연적 인격신으로만 이해될 수 없고, 오히려 당신의 몸 안에 모셔져 있는 영(靈)이자 기운이며, 나아가 '마음'이라는 새로운 자각에 이르게 됩니다. 그래서 "나는 도시 믿지 말고 하늘님을 믿었어라. 네 몸에 모셨으니 사근취원(捨近取遠: 가까운 걸 버리고 멀리서 취함)하단 말가."[9]라고 읊습니다.

선생은 이 과정을 거치면서 삶과 존재에 대한 새로운 지평이 열리는 체험과 함께 모든 사람이 나아가야 할 참된 길, '다함이 없는 큰 도[無極大道]'를 깨닫게 됩니다. 이렇게 동학 성립은 선생의 경신년(1860) 종교 체험으로 결정적 계기를 마련하게 되었지만 곧바로 도를 펴지 않고, 닦고 헤아리는[修而度之] 성찰의 시간을 통한 체험의 객관화로 된 것입니다. 그리하여 병적(病的) 흥분에 의해 부정당한 일반적 일관성에 빠질 수 있는 위험을 넘어서서 종교적 객관성을 확보하게 됩니다.[10] 이 결과로 나온 것이 '시천주(侍天主)'라는 철학적 명제입니다. 이는 모든 사람이 내면에 하늘님을 모시고 있다고 하는 자각입니다. 이 '시천주'의 개념이 정립됨으로써 비로소 동

8 『용담유사』, 「도덕가」, "천상에 상제님이 옥경대에 계시다고 보는 듯이 말을 하니, 음양이치 고사하고 허무지설 아닐런가."

9 『용담유사』, 「교훈가」.

10 A.N.Whitehead, *Religion in the making*, Introduction by Judith A. Jones Glossary by Randall E. Auxier, New York: Fordham University Press, 2001, p.64.

학은 이전의 전통 사상과 달라지고, 또한 서학과도 차별성이 생기면서 동학으로서 정체성을 가지게 되었다고 할 수 있습니다.

이처럼 일 년여의 시간을 통해 자신의 깨달음을 검증한 선생은 이제 자신의 깨달은 바를 전하기 위한 절차와 도법을 정하고 비로소 포덕(布德)을 시작합니다. 이때가 1861년 6월경이었습니다. 문을 열고 사람들을 맞이하니 구름처럼 몰려들었습니다. 용담(龍潭)에 명인(名人)이 났다는 소문이 입으로 전해져 9~10월에 이르자 사방에서 찾아오는 사람들의 수가 감당할 수 없을 지경으로 늘어났습니다. 그러자 최씨 문중은 물론 유생들의 입에서 비난의 소리가 일기 시작했습니다. 관에서도 이단으로 지목하고 탄압하기 시작했습니다. 친척들로부터 비난받고 관에서도 지목을 받자 선생은 부득이 잠시 고향을 떠나야겠다고 결심했습니다. 그래서 제자 한 사람을 데리고 11월에 길을 떠나 이곳저곳을 거쳐 12월 하순경에 전라도 남원에 도착합니다.

남원의 교룡산성 밀덕암(密德庵)에 여장을 푼 선생은 이름을 은적암(隱蹟庵)이라 고쳐 짓고, 여기서 이듬해 6월까지 당신의 깨달음을 조용히 정리할 수 있는 시간을 갖습니다. 그리고 집안 사람들과 제자들을 위해 여러 편의 글을 씁니다. 이것이 나중에 『동경대전』과 『용담유사』로 묶여지게 되니 이곳에서 보낸 시간이 결코 헛되지는 않았다고 할 것입니다. 특히 남원행은 동학을 전라도 땅에 전해주게 되는 계기가 되었다는 점에서 큰 의미가 있습니다.

남원에서 다시 경주로 돌아온 것은 이듬해, 선생의 나이 39세(1862) 되던 해 6월 하순입니다. 8월이 되자 다시 소문을 듣고 찾아온 사람들로 용담이 넘치게 됩니다. 이에 위기감을 느낀 관에서 선생을 긴급 체포합니다. 9월 29일 선생이 경주 관아에 체포되었다는 소문이 퍼지자 분노한 교도 6~7백 명이 모여 격렬히 항의합니다. 사태가 위급해지자 관은 5일 만에 선생을 석방할 수밖에 없었습니다. 풀려난 선생은 11월부터 흥해(興海) 지역을 중심으로 순회하다가 12월 30일에 최초로 교단의 단위 조직인 접(接)을 조직합니다. 이때 16개 접의 접주를 임명했습니다. 이 접은 도를 전해 준 사람과 전해 받은 사람의 인맥을 30호 내지 50호 단위로 조직한 신앙공동체입니다.

1863년 봄, 선생은 다시 용담으로 돌아와 교화와 포교에 전념하기 시작합니다. 그러자 경주 관아에서는 조정에 진정을 올리게 됩니다. 선생은 머지않아 위험이 닥쳐올 것을 예측하고 7월 23일 수제자인 최경상(崔慶翔, 나중에 이름을 시형(時亨)으로 바꿈. 호는 해월)을 북도중 주인으로 임명하고, 8월 14일에는 도통(道統)을 전해 줍니다. 이때 선생의 나이는 40세였고, 최경상(시형)은 37세였습니다.

조정은 11월에 선생을 체포하기 위해 드디어 선전관 정운구를 경주로 파견했습니다. 정운구는 12월 10일 선생을 체포했습니다. 선생은 서울 근교 과천까지 압송되었다가 철종의 국상으로 인해 대구로 되돌려져 다음해(1864년) 1월 20일부터 대구감사로부터 심문을 받았습니다. 그후 선생은 "등불이 물 위에 밝았으니 의심이 없고, 기둥이 마른 것 같으나 힘은 남아 있도다[燈明水上無嫌隙 柱似枯形力有餘]."라는 마지막 글을 남기고, '좌도난정'의 죄로 1864년

3월 10일 대구 장대에서 41세의 나이로 참형을 받고 순도(殉道)했습니다.

2) 『동경대전』과 『용담유사』

선생의 저술은 한문 경전인 『동경대전』과 한글 가사인 『용담유사』의 두 권입니다. 대부분의 경전은 후대의 제자들에 의해 기록된 것인데 반해 위의 두 책은 모두 수운 선생이 제자들을 위해 직접 지은 것입니다.

수운 선생은 글을 두 가지 언어로 남겼습니다. 하나는 한문으로 남겼고, 하나는 한글 가사체로 남겼습니다. 한문으로 된 글들을 모아 『동경대전(東經大全)』이라 이름하고, 한글 가사체로 된 글을 모아 『용담유사(龍潭遺詞)』라고 이름을 붙였습니다. 『동경대전』은 '동학의 경전을 모두 모아 엮은 책'이란 의미이고, 『용담유사』는 '용담의 수운 선생이 남긴 가사'라는 의미입니다. 한문 외에 한글 가사체로도 글을 남겼다는 것이 의미가 있습니다. 당시만 해도 한글로 글을 짓는 것은 흔한 일이 아니었습니다. 선생은 글을 아는 사람들을 위해 한문으로도 글을 남겼지만, 글을 모르는 사람들을 위해 한글로 된 가사를 지어 노래처럼 쉽게 따라 외우도록 하여 가르침을 전하고자 했던 것입니다. 여기서 동학의 민중적 성격을 발견할 수 있습니다.

『동경대전』은 해월(海月) 선생이 1880년 경진년 5월에 강원도 인제에 경전간행소를 세워 처음으로 간행했습니다.[11] 이후 1883년 봄에 계미중춘판(癸未仲春版)이 간행되었습니다만 아직 발견되지 않았고, 지금 통용되고 있는 판본은 1883년 여름에 간행된 계미중하판(癸未仲夏版)입니다. 글자 수는 약 10,000자 정도 됩니다. 이후에 간행된 것이 1888년 인제에서 간행된 무자판입니다. 『동경대전』은 수운 선생의 득도 체험과 주문 해석, 참된 경천의 길과 수도할 때의 마음 자세 등을 담고 있습니다. 내용으로는 「포덕문(布德文)」, 「논학문(論學文)」, 「수덕문(修德文)」, 「불연기연(不然其然)」, 「참회문(懺悔文)」, 「축문(祝文)」, 「주문(呪文)」, 「시문(詩文)」, 그 밖에 운문체의 다양한 문장 등을 포함하고 있습니다. 이 중에서 몇 개의 주요한 글들에 대해 조금 더 살펴보기로 하겠습니다.[12]

먼저, 「포덕문」은 '덕을 펴는 글'이란 뜻입니다. 수운 선생이 득도 체험을 한 후 거의 일 년 이상 성찰의 시간을 가진 후 이듬해 6월부터 본격적인 포덕을 하게 될 때 지은 것으로 보입니다. 『동경대전』 전편을 통틀어 가장 먼저 쓰여진 글로 생각됩니다. 내용은 옛적부터 자연의 질서를 보면 하늘님의 자취가 뚜렷하게 나타나 있지만 세상 사람들은 이를 분명히 알지 못하고 있다고 하면서, 옛 성인이 밝힌 것이 다름 아닌 하늘을 공경하고 하늘 이치를 따르는 '경천명순천리(敬天命順天理)'에 있었다고 합니다. 그러나 어느 때부터 사

11 인제 경진판은 여태 발견되지 않다가 2010년 윤석산 교수에 의해 경진판으로 추정되는 판본이 발견되어 학계에 소개된 적이 있다. 윤석산, 「새로 발견된 목판본 동경대전에 관하여」(동학학회, 『동학학보』, 20호, 2010) 참조.

12 여기에 대해 더 자세한 논의는 윤석산의 『동경대전 주해』(동학사, 1998)와 박맹수의 『동경대전』(지식을만드는지식, 2009)을 참고할 것.

람들이 하늘을 공경하고 하늘 이치를 따르지 않고 다만 자기만을 위하는 이기심[各自爲心]에 빠져 지금의 혼란한 세태가 되었다고 개탄합니다. 결국 '자기중심주의'가 가장 큰 문제이며, 이것을 극복하는 '자기 비움'의 영성이야말로 모든 종교의 핵심이라는 것을 여기서도 확인할 수 있습니다. 이어서 당시 서양의 침공 등으로 겪게 되는 위기 의식의 고조, 그리고 이러한 시대적 위기를 극복하기 위한 고민을 담고 있습니다. 「포덕문」의 가장 백미는 하늘님과 문답이 열리는 결정적인 종교 체험과 그 체험으로 '영부(靈符)와 주문(呪文)'을 받는 이야기입니다. 마지막 부분은 이 체험을 통해 보국안민(輔國安民)의 계책을 알게 되었다는 자부심과, 체험 이후에 겪게 되는 세상의 세태에 대한 안타까움으로 끝을 맺고 있습니다.

「논학문」은 '(동)학에 대해 논한 글'이란 뜻으로 '동학론'이라고 불리기도 했습니다. 선생이 신유년(1861) 겨울 관의 지목(指目)을 피해 전라도 남원 은적암에 머물 때, 그러니까 임술년(1862) 1월에서 2월 사이에 쓰여진 글로 추정됩니다. "도는 천도나, 학인즉 동학"이라고 하여 '동학'이란 용어가 처음으로 나오는 것도 이 글입니다. 동학의 요체를 밝히고 있는 가장 핵심적인 글입니다. 글의 요지는 동양 전통 사상의 삼재론(三才論)과 오행론으로 인간의 위치를 서술한 다음, 우주의 운행과 자연 질서의 원인에 대해 "어떤 이는 하늘님의 은혜라 이르고 어떤 이는 저절로 그렇게 된 것"이라고 하여 설이 분분하다고 지적합니다. 이후에 경신년 4월의 혼란한 민심과 위기 의식, 그리고 극적인 하늘님 체험에 대해 「포덕문」과는 조금 다른 측면에서 서술하고 있습니다. 그 다음은 제자들과의 문답을 통해 선생이 받은 도가 바로 '천도'라는 것과, 그것이 서학과 다른 점은 무엇인지, 그 과정에서 '동학'이라 칭한 이유, 그리고 주문 21자에 대해 하나하나 해설을 하고 있습니다. 그리고 이 주문을 늘 잊지 않고 외우면 자연히 하늘 기운에 화해져서 성인이 된다고 하고 있습니다. 그 다음은 인간의 선악 문제, 즉 윤리적 문제에 대한 물음에 답하고 있는데, 여기서 선생은 선악이라는 이분법적 논의보다는 그것의 바탕이 되는 마음의 문제를 논하고 있습니다. 선악이라는 불분명한 기준이나 외재적인 윤리보다는 그것에 앞서 항상 마음이 평정하고 기운이 바른 상태를 확보하는 게[守心正氣] 더 중요하다는 것이지요. 마지막으로 도를 훼방하거나 배반하고 가는 자들에 대한 물음에 선생은 하늘님은 '선악을 가리지 않는다[不擇善惡]'라고 하여 매우 중요한 신학적 개념을 꺼내고 있습니다.

「수덕문」은 1862년 6월에 지은 것으로 보입니다. 남원의 은적암을 떠나기 바로 전에 지었거나 혹은 남원을 떠나 경주 근교에 잠시 머물 때 지은 것으로 추정됩니다. 이 글은 선유(先儒)들의 가르침에 대한 존중과 아버지 근암공에 대한 추모, 그리고 선생의 과거를 회상하는 마음으로 그리고 있습니다. 그 다음은 유교적 가르침을 바탕으로 동학의 대동소이한 점을 서술하고, 제자들에게 수도하는 바른 마음가짐과 계율, 또한 동학의 가르침을 행하면 나타나는 수도의 효험을 일러 주고 있습니다. 이 과정에서 '수심정기'를 본격적으로 선생이 새로 정한 동학의 도법이라고 명시합니다. 마지막으로 수도의 자세로서 정성 · 공경 · 믿음[誠敬信], 그 중에서도 먼저 믿고 정성드려야 한다는 것을 강조하면서 글을 맺고 있습니다. 이 글은 제자들이 잘못 수도하지 않도록 수도의 올바른 마음가짐과 방향, 수칙을 제시하는 한편, 선생이 깨달은 도가 유학과 별반 다르지 않다는 것을 서술함으로써 유생들의 탄압을 막으려는 의도도 담겨 있다고 보여집니다.

「불연기연」은 선생이 1863년 12월 10일 체포되기 바로 전인 11월에 집필한 선생의 마지막 글이라고 알려져 있습니다. 이 글은 매우 철학적인 글이기도 합니다. 기연(其然)은 '그렇다'라는 의미로, 우리의 감각기관으로 경험할 수 있는 것이나 조금만 추론해 보면 알 수 있는 것을 말하고, 불연(不然)은 '그렇지 않다'라는 의미로, 감각적 경험이나 이성적 추론으로 알 수 없는 것을 말합니다. 선생은 기연을 통해 보이는 측면, 드러난 생명 현상을 논하고 있고, 불연을 통해 보이지 않는 차원, 아직 드러나지 않지만 모든 생명 현상의 근원이 되는 차원을 논하고 있습니다. 선생은 이 불연기연의 논리를 통해 드러난 질서의 이면에는 숨겨진 차원의 질서가 있어서 겉으로는 모순, 반대되는 현상도 근원에서는 통합되어 있다는 사실을 피력하고자 한 것이 아닌가 추정됩니다. 현상에서의 다양한 차이가 근원적 입장에서는 하나가 될 수 있다는 것이지요. 선생은 이 불연기연(不然其然)을 통해 세계를 바라보는 통합적 관점을 제시함으로써 현상 세계의 다양한 투쟁과 대립, 상극을 조화와 화합, 상생으로 전환시켜 내려고 했던 것이 아닌가 합니다.

『용담유사』는 해월 선생이 『동경대전』을 간행한 이듬해인 1881년 충청북도 단양군 남면 샘골에 있는 여규덕(呂圭德)이라는 도인의 집에서 간행한 것입니다. '용담(龍潭)'이란 말은 곧 수운 선생을 지칭하는 말이며, '유사(遺詞)'는 '남긴 노래'라는 뜻이므로, '용담유사'는 '용담 선생께서 남기신 노래'라는 의미입니다. 한글 가사체라는 문학적인 형식과 운율적인 음악 형식을 취한 경전으로서 수운 선생의 생애와 득도 시의 상황, 하늘님과의 문답, 득도 후의 기쁨 등이 생생하게 기록되어 있습니다. 또한 제자들에게 동학의 핵심 가르침을 전하는 한편 바른 마음으로 수도[正心修道]할 것을 간곡히 당부하는 스승의 간절한 심정도 잘 나타나 있습니다. 『용담유사』는 총 8편의 가사입니다. 그래서 '가사 팔편'이라고도 합니다. 그러면 하나씩 내용을 살펴보도록 하겠습니다.

먼저 「교훈가」입니다. 교훈가는 1861년 11월 유생들의 음해와 경주 관아의 탄압을 피하기 위해 길을 떠나 남원으로 가던 도중에 지은 것으로 추정됩니다. 집안의 손아랫사람들에게 전하는 방식으로 지난날에 대한 회고, 특히 용담에 들어오기 전의 험한 고생, 사십 평생 아무 이룬 것 없이 처참한 심정으로 다시 용담으로 돌아와 굳은 맹세를 하고 수도 정진하여 마침내 무극대도를 받아낸 감격스러운 심정을 매우 실감나게 노래하고 있습니다. 이어서 당시 하늘님이 하신 말씀, 모든 것이 하늘님이 정하신 일이라는 취지의 말씀을 자세히 소개하고 있습니다. 도를 받은 이후의 벅찬 기쁨과 함께 그동안 옆에서 온갖 고생을 같이한 박씨 부인의 심정도 생생하게 묘사하고 있습니다. 그 다음은 도를 펴게 되자 많은 사람이 모여든 일과, 그러다 보니 비방하는 사람도 생기고, 특히 가장 가까운 사람들, 문중에서 비방하는 부분에 대해 안타까움을 표하고 있습니다. 마지막으로 그 비방을 견디다 못해 길을 떠나면서 도를 전했던 집안의 조카들과 아랫사람들에게 의심하지 말고 열심히 수도 정진할 것을 당부하는 말로 글을 맺고 있습니다. 그 중에서 "나는 도시 믿지 말고 하늘님을 믿었어라. 네 몸에 모셨으니 사근취원(가까운 것을 버리고 먼 것을 취함)하단 말가"라고 하여 수운 선생 당신을 섬기지 말고 누구나 자기 안에 모셔져 있는 하늘님을 발견하고 섬기라고 합니다. 하늘님을 밖에서 찾지 말고 자기 안에서 발견함으로써 과거의 나를 벗고 새로운 인격으로 거듭나는 것이 참된 '수도'라는 것을 제시하고 있습니다. 그리고 그 방법은 만 권 시서를 읽는 것이 아니라 열세 자 주문으로 마음 공부를 지극히 하는 것에 있다는 점을 간곡히 부탁하고 있습니다.

「안심가」는 1861년 6월 포덕을 시작한 전후에 쓰여진 것으로, 선생이 살던 동네와 집안 부녀자들을 주요 대상으로 한 것으로 보입니다. 내용은 동네 부녀자들이 귀공자를 부러워하는 말들에 대한 경계에서부터 시작하여 사십 평생 고생만 하다가 무극대도를 받는 체험, 그 중에서도 '영부(靈符)'를 받는 부분에 대해 자세하게 묘사하고 있습니다. 이어 영부의 효험과 우리나라 운수가 어려워질 것을 한탄하고 있습니다. 이어 선생의 이런 가르침을 곡해하여 오히려 서학이라고 음해하는 몇몇 동네 부녀자들에 대해 안타까움을 표현합니다. 이어 영부는 개인적 질병을 고치는 선약일 뿐 아니라 앞으로 우리나라의 운수가 어려워질 때 그 병든 세상을 바로잡는 영약이라는 암시를 던집니다. 마지막으로 이런 가르침을 곡해하지 말고 안심하고 받아들여 어려운 시기를 잘 넘기자는 것으로 끝을 맺고 있습니다.

「용담가」는 수운 선생의 모든 글 중에서 가장 먼저 쓰여진 글입니다. 경신년 4월 5일(양 5월 25일) 하늘님 체험을 하고 나서 그 달 말경에 쓰여진 것으로 추정됩니다. 그래서 그 체험을 가장 생생하게 담아내고 있습니다. 내용은 먼저 선생의 고향 경주가 신라의 오랜 문화 전통을 간직한 곳으로, 이곳에서 새로운 도가 나타날 수밖에 없었음을 시사하고 있습니다. 그 다음 선생의 가문에 대해 소개하고 있습니다. 그리고 나서 당신의 지난날을 회고하며 불우한 때를 만나 40에 이르도록 지내온 과정을 노래합니다. 특히 기미년 겨울 울산에서 모든 것을 탕진하고 이룬 것도 없이 처자를 거느리고 다시 용담으로 돌아올 때의 비참한 심정을 묘사한 부분은 참 절절합니다. 그러나 마지막으로 이듬해 4월 5일 하늘님과 문답이 열리는 극적인 체험을 통해 무극대도를 받아낸 기쁨을 노래하고 있습니다.

「몽중노소문답가」는 임술년(1862) 6월에 남원을 떠나 경주 근교인 박대여의 집에 머물 때 지은 것으로 추정됩니다. 이 글은 꿈속에서 늙은이와 젊은이가 문답하는 형식을 빌려 당시에 횡행하던 비결들에 대해 비판하고 마음 공부에 힘쓸 것을 당부하는 내용입니다. 내용은 늙은 부부가 아이가 없어 지극정성 불공을 드려 빌었더니 신동 같은 남자 아이가 태어났습니다. 그 아이는 어려서부터 오로지 근심하는 것이 당시 혼란한 세상을 어떻게 구제할까 하는 것이었습니다. 그렇게 답답해 하던 차에 집을 나서 팔도강산을 떠돌아다니며 인심과 풍속을 살피게 됩니다. 그 과정에서 세상 사람들이 천명을 돌보지 않고 이기심(각자위심)에 사로잡혀 서로 자기만 옳고 남은 그르다고 시비만 하고 있는 세태를 봅니다. 이런 세태를 두루 살펴보고 다시 집으로 돌아가는 길에 금강산 맨윗봉우리에서 잠시 쉬는데, 꿈에 한 늙은이가 나타납니다. 늙은이는 아이에게 수신제가(修身齊家)는 아니하고 쓸데없이 강산을 떠돌아다니느냐고 타이르면서 세상 구할 답을 다른 데서 찾지 말고 마음에서 찾아야 한다고 말합니다. 그리고 앞으로 무극대도가 나타나 세상을 구제할 것이니 열심히 수도하라는 말을 남기고 사라집니다. 꿈이란 형식을 빌렸지만 사실은 수운 선생 자신의 어린 시절과 10년간 천하를 떠돌아다닐 때의 이야기를 간접적으로 하고 있는 게 아닌가 합니다. 이를 통해 도를 허황된 데서 찾지 않고, 현실을 중시하면서 바른 마음으로 수도[正心修道]하라고 이야기하고 있다고 생각됩니다.

5번째 노래 「도수사」는 신유년 12월 말경 남원 은적암에서 새해를 앞두고 수천 리 떨어진 제자들을 생각하며 열심히 수도할 것을 당부하는 글입니다. 만고에 없었던 무극한 대도(大道)를 받아 모여드는 사람들을 열심히 가르쳤지만 정처 없이 떠날 수밖에 없는 심정과 그 제자들을 그리워하며 정성, 공경 두 글자를 잘 지켜 수도하라고 당부합니다. 그러면서 바른 길을 만나야 도를 통할 수 있다는 점과 동학의 도는 삼 년만 열심히 해도 도를 이룰 수 있고, 덕 있는 사람이 될 수 있으니[道成立德] 의심하지 말고 열심히 수도할 것을 당부합니다. 그리고 수도라는 것이 고원한 것이 아니라, 수신제가를 떠나 있지 않고 삼강오륜에서 벗어나지 않는 것이며, 부부 간에 화순해야 한다는 점을 역시 강조하고 있습니다. 또한 선생이 정한 도법을 어기지 말고 믿음과 예의로써 잘 지켜 도법을 어지럽히지 말고 열심히 수도할 것을 당부하는 것으로 끝을 맺고 있습니다.

6번째 노래 「권학가」 역시 「도수사」와 비슷한 시기에 남원 은적암에서 지은 것으로 추정됩니다. 은적암에서 홀로 앉아 해가 바뀌는 것을 지켜보자니 감회가 없을 수 없어 노래 한 장을 지어 보겠다고 하면서, 그동안의 고생과 팔도강산을 구경하며 인심과 풍속을 살피던 때를 회고합니다. 때로 어진 사람들을 만나 문답을 주고받던 일과, 도탄에 빠진 세상, 특히 천명을 돌보지 않고 각자위심에 빠진 세태에 대한 안타까움을 노래합니다. 「권학가」는 특히 당시 서양 세력의 침략에 대한 비판과, 천당 가기만을 비는 서학의 신앙 태도에 대해 의문을 제기하고 있습니다. 그리고 다행히 시운이 돌아와 무극대도가 나타났으니 어진 사람들에게 이 글을 전해 주면서 정성과 공경을 다해 하늘님을 생각하며 수도 정진해야 한다고 노래하고 있습니다.

7번째 노래 「도덕가」는 1863년(계해년) 7월에 지은 것으로 추정됩니다. 내용은 유학 경전에 이미 성경(誠敬) 두 글자를 강조하고, 도덕군자를 논하고 있지만 참으로 경외지심을 지닌 사람을 보기 어렵다는 말로 시작하고 있습니다. 또한 귀신(鬼神)에 대해, 도(道)와 덕(德)에 대해 제대로 아는 사람이 많지 않고, 오히려 지금 사람들은 지벌(地閥)과 가세에 따라 도덕군자라 추켜세운다고 한탄합니다. 그리고는 귀신이 따로 있는 것이 아니라, 손발을 움직이게 하는 음양의 기운이 귀신이며, 선악의 사이에서 마음씀 역시 기운에 관계한다는 점을 역설합니다. 또한 말하고 웃는 것 역시 하늘님의 기운 작용에 의해 드러난 조화라고 합니다. 모든 움직임이 내가 의지를 가지고 하는 것 같지만, 사실은 하늘님의 조화, 하늘의 기운 작용이 없으면 손가락 하나 꿈쩍할 수 없다는 사실을 정확하게 알고 하늘과 분리되지 않는 삶을 살아야 한다는 것입니다. 이어서 항상 자기의 마음을 잘 다스리고 기운을 항상 평정하게 하는 것, 즉 수심정기(守心正氣)가 되어야 참으로 인의예지를 실천할 수 있다고 노래합니다. 마지막으로 네 가지의 수칙, 번복하는 마음과 물욕에 마음이 가리우는 것과 혹세무민하는 말과, 안으로 불량하고 겉으로 꾸며내는 것, 이 네 가지를 절대 하지 말고 정성 공경으로 수도할 것을 당부하고 있습니다.

8번째 노래 「흥비가」는 1863년 8월 13일에 반포한 것으로 기록되어 있습니다. 『시경』의 문체인 '흥(興)'과 '비(比)'의 형식으로 노래하는 글입니다. 흥은 하고 싶은 말을 하기 전에 관련된 사건이나 일을 끄집어내어 연관지음으로써 시를 이끌어가는 형식을 말하며, 비는 비슷한 사물에다 비유하는 방식을 말합니다. 수운 선생은 이 글에서 먼저 『시경』의 도끼자루를 얻으려면 그 본보기가 가까이 있다는 "벌가벌가(伐柯伐柯)하니 기측불원(其則不遠)"이라는 구절을 가지고 주변에 경계해야 할 사람들을, 이름이나 걸어 두려는 자, 몰지각한 자, 교사한 자 등 몇 가지 부류로 열거하고 있습니다. 그 중에서도 문장군(모기)을 비유로 들어 대놓고 해하려고 온 사람에 대해 경계하고 있습니다. 또 길을 떠난 사람의 비유와 산을 쌓아 만드는 비유를 통해 중도에 절대 포기하지 말고 끝까지 힘써야 한다는 점을 강조하고 있습니다. 마지막으로 이 세상 이치를 불연과 기연을 통해 살펴내면 "무궁한 이 울 속에 무궁한 내 아닌가"라며 '무궁한 나'를 깨달을 것을 염원하며 끝을 맺고 있습니다.

요컨대 『동경대전』과 『용담유사』는 안으로는 부패와 무능으로 백성들이 굶주림과 질병에 시달려야 했고, 밖으로는 서구 열강들의 침략으로 야기된 총체적 사회 불안 속에서 우리 백성들에게 '보국안민(輔國安民)'과 '광제창생(廣濟蒼生)'의 길을 제시한 글이라고 할 수 있습니다. 당시 주자학이 더 이상 백성들의 나아갈 길을 제시하지 못했고, 그릇된 신앙과 비결 등의 거짓 학문 등이 난무하면서 백성들이 어디로 가야 할지를 몰랐던 시절에 '내면에서 신성한 하늘을 발견'함으로써 이기심이라는 구름이 걷히게 하고, 고대부터 중시했던 참된 경천과 참된 인간의 길을 제시한 글이라고 할 수 있습니다. '시천주' 사상은 바로 이러한 상황에 대한 가장 핵심적인 응답이었습니다.

2

"네 안의 하늘님을 발견하라"

1) 수운의 깨달음, 시천주(侍天主)

동학이라고 하면 보통 유불선 삼교합일과 '인내천(人乃天)'을 떠올리게 됩니다. 그러나 실제 수운 선생이 깨달은 것은 '시천주(侍天主)'입니다. 시천주가 더 근본적인 사상이지요. 삼교합일이란 말도 유불선 삼교를 적당히 혼합해 만들었다는 의미가 아니라 시천주라고 하는 근본을 자각함으로써 유교와도 통하고 불교와도 통하고 선도와도 통하는 전체의 진리를 확립하게 되었다는 의미에서 나온 말입니다. 따라서 동학을 제대로 이해하기 위해서도 시천주의 의미를 좀 더 자세히 살펴볼 필요가 있습니다. 여기서 '시(모심)'의 의미는 무엇인지, 또 '천주(하늘님)'의 의미는 무엇인지를 나눠서 볼 필요가 있겠습니다. 먼저 '모심', '시(侍)' 자의 의미부터 살펴보겠습니다.

수운 선생은 주문 21자를 직접 해설하면서 '시' 자를 "안으로 신령이 있고, 밖으로 기화 작용이 있어 온 세상 사람들이 각기 알아서 옮기지 않는 것[內有神靈, 外有氣化, 一世之人, 各知不移者也.]"[1]이라고 했습니다. 모심을 세 측면, 즉 '내유신령', '외유기화', '각지불이'로 나눠 언급하고 있습니다. '내유신령'은 우리 안에 하늘의 신령한 영이 내재해 있다는 뜻이며, '외유기화'는 밖으로 하늘의 기화 작용에 의해 생명이 탄생하고 유지되고 있다는 뜻입니다. '각지불이'는 이 영과 기운으로 모셔져 있는 하늘을 각자가 온전히 알아 하늘과 분리됨이 없어야 한다는 것입니다.[2]

'내유신령'과 '외유기화'가 하늘이 인간에게 영과 기운으로서 관계하는 모습, 즉 인간에게 '모셔져' 있는 존재론적 실상을 의미한다면, '각지불이'는 영과 기운으로서의 하늘님을 몸 안팎에서 분명히 체험함으로써 하늘과 분리됨이 없는 참된 섬김(경천)을 해야 한다는 실천적 의미로 볼 수 있습니다. 즉, '모심'은 크게 두 가지 의미, '모셔져 있음'이라는 존재론적 의미와 '섬김(경천)'이라는 실천적 명령의 의미를 함께 가지고 있다고 하겠습니다.

이 '시' 자의 '내유신령', '외유기화', '각지불이'에 대해서는 많은 주석이 있었습니다. 먼저 『동경대전』에 대한 최초의 주석이라고 할 수 있는 『동경연의(東經演義)』의 주해에서는 다음과 같이 풀고

---

1 『동경대전』, 「논학문」.

2 영과 기가 따로 존재해서 각각 들어오는 것은 아니다. 우주는 하나의 혼원한 기[一氣, 至氣]로 구성되었다고 보며, 그 기가 이미 영성을 그 자체 안에 담지하고 있다고 본다. 그러므로 '기가 바로 영'이다. 하나이지만, 현상으로 드러날 때 물질적·에너지적 차원에서 작용하면 기라고 하고, 정신적·영적 차원에서 작용하면 영이라고 불리는 것일 뿐이다.

있습니다.

> '내유신령(內有神靈)'이란 것은 천령(天靈)의 작은 부분을 받아 인령(人靈)의 큰 부분이 된 것이다. '외유기화(外有氣化)'는 인령이 천령(天靈)에 접해서 그 기화(氣化)를 받은 것이다. '일세지인각지불이(一世之人各知不移)'는 성(性)과 신(身)이 서로 합한 날에, 인령이 천(天)의 화(化)함으로 함께 상주(常住)하여 하나가 된 것이므로 일찍이 옮김이 없는 것이다.[3]

이 『동경연의』는 1905년 천도교 개편 이후 교리의 이론화 작업에 앞장섰던 양한묵(梁漢默, 1862-1919)이 1907년 천도교 교리를 '인내천(人乃天)'을 중심으로 체계화하면서 『동경대전』을 주해한 글입니다. 양한묵은 같은 해 발간한 『대종정의(大宗正義)』에서도 인(人)을 소분천(小分天)으로 표현하면서, 전체와 부분의 차이는 있지만 질적(質的)인 부분에서는 같다는 식으로 '인내천' 논증을 하고 있습니다. 여기서도 마찬가지로 '시' 자를 해석하면서, 천령의 일부분을 받아서 나의 영을 이루고 있는 것을 '내유신령'으로, 나의 영이 천령과 접해서 그 기운을 받는 것을 '외유기화'로, 태어날 때 이미 하늘의 영이 내 안에서 통합되어 애초에 옮길 수 없는 것을 '각지불

---

3 『동경연의』, "內有神靈者, 受天靈之小分, 而爲人靈之大分也. 外有氣化者, 以人靈接于天靈, 而受氣化也. 一世之人各知不移者, 性身相合之日, 人靈天化常住之一, 而未嘗有移也"(최기영 · 박맹수, 『한말천도교 자료집1』, 국학자료원). 『동경연의』는 1907년 보문사에서 발간한 것으로 양한묵의 글로 보인다.

이'로 해석하고 있습니다. 이는 '인내천'의 합일적 측면에서 '시'를 주로 존재론적으로 해석하고 있습니다. 다만 이렇게 해석될 경우 '시천주'의 신앙적 측면과 체험의 생생함이 잘 드러나지 않는 아쉬움이 있습니다.

이에 대해 1920년대 『개벽』지의 주간으로 신문화운동을 이끌었던 야뢰 이돈화는 다음과 같이 해설하고 있습니다.

> 지기(至氣)의 본체에는 곧 신령(神靈)이 내유(內有)하다 함이라, 천지만물은 지기(至氣)에서 생(生)한 것이며 지기(至氣)는 곧 허령(虛靈)이어서 '무사불명(無事不命)'이라 하였으니, 그러므로 지기(至氣)는 내유신령한 체(體)라 볼 수 있다. 그리하여 오인(吾人)의 심신(心身)은 지기(至氣)로 화(化)하여 되었으며, 지기(至氣)는 또한 '내유신령(內有神靈)'인고로 생 이전[未生以前]은 '내유신령'이 잠세력(潛勢力)으로 있는 것이며, 생 이후[旣生以後]는 '내유신령'이 현세력(現勢力)으로 나타난 것이라. 그러므로 '아(我)'라 하는 '아(我)'는 곧 '내유신령'이라, 안으로 천주(天主)를 가지고 있는 것이니, 이에서 인내천의 원리가 명료히 밝아진 것이다. (중략) 요컨대 사람은 신(神)의 표현이므로 내유신령한 것이요, 내유신령인 고(故)로 천주(天主)를 자심(自心)의 심묘(深妙)한 처(處)에 봉사(奉事)하야 인간을 신(神)으로 사(事)하라 함이다. 이 점에서 시(侍)자의 제일의(第一義)는 천지만물 화생의 근본을 말한 것인데, 이 곧 '내유신령'이다.
>
> 외유기화(外有氣化)는 천지만물은 근본에서 또는 선천적 약속(先天的約束)에서 상호 부조(相互扶助)의 대경대법(大經大法)을 가지고

> 있는 것이다. 상호 부조의 대경대법이 운행(運行)하는 곳에 천지(天地)가 위(位)하고 만물(萬物)이 육(育)하는 것이니, 이를 칭(稱)하여, '기화(氣化)'라 하는 것이다. 그러므로 기화는 곧 생(生)의 힘[力]이며, 천지만물의 통화 작용(通化作用)이다. (중략) 그러므로 '시(侍)'의 제이의(第二義)인 외유기화는 천지만물의 상호 부조의 선천적 원칙(先天的原則)을 설파한 것이다.
>
> 각지불이(各知不移)는 천지만물이 내유신령에서 출생하여, 외유기화로 생활하는 것이나, 그러나 사람이 만일 이 대도대법의 원칙을 각오(覺悟)치 못하여, 도(道)에 어기고 법(法)에 순(順)치 못하면 문득 재앙(災殃)이 기(起)하는 것이니, 그럼으로 각지불이는 이 도(道)와 이 법(法)을 각(覺)하라는 의미이며, (중략) 그러므로 '시' 자(侍字)의 제삼의(第三義)는 각(覺)의 의(意)니라.[4]

이돈화에 따르면, 천지만물이 모두 본체인 지극한 기운[至氣]으로부터 생(生)했으며, 이 우주적 기운은 무형하지만 '지기(至氣) 자체가 바로 보이지 않는 영'이기도 하기 때문에, 그것이 만물에 드러날 때 또한 영이 모든 만물에 들어가 있지 않음이 없다고 합니다[無事不命]. 그러므로 '내유신령'이란 이 지기의 영이 내 몸 안에 내재해 있는 것을 일컫는 말이라고 합니다. 그러므로 천주·하늘님을 섬기는 것은 내 안에 모신 '내유신령'을 섬기는 것이지 밖에 있는 어떤 절대적 존재를 섬기는 것이 아니라고 합니다. 또한 사람은 모두 신

4 이돈화, 『수운심법강의』, 45-48쪽.

의 표현이요, 안으로 '거룩한 영'을 내재하고 있는 존재이므로 모든 사람을 신으로 섬겨야 한다는 것입니다.

'외유기화(外有氣化)'는 천지만물이 각기 독립적이고 자족적인 것이 아니라 상호 부조(相互扶助), 즉 상호간의 기화(氣化) 작용을 통해 생명을 유지하고 있음을 강조하는 표현으로 보고 있습니다. 지기(至氣)의 전체 생명 안에서 각각의 만물들이 유기적인 상호 기화를 통해 삶을 영위하고 있음을 보여 준다고 하겠습니다. 인간 역시 홀로 살아갈 수 있는 것이 아니라 다른 인간은 물론 전체 우주와의 끊임없는 생명(生命)의 교호 작용(交互作用)을 통해 살아가고 있다는 것입니다. 그래서 기화(氣化)는 곧 '생(生)의 힘[力]'이며, 천지만물의 통화 작용(通化作用)이라고 했습니다.

'각지불이(各知不移)'는 인간 생명이 이렇게 '내유신령'과 '외유기화'로 살아가고 있음을 확연히 깨달아 이 도(道)와 법(法)에서 어기지 말아야 한다는 것으로 이 안팎으로 작용하는 모심, '시(侍)' 자의 의미를 확실히 자각[覺]하라는 뜻으로 풀이하고 있습니다.

다음으로 최동희의 주석을 살펴보면 다음과 같습니다.

> 내유신령(內有神靈)은 마음의 경지이고, 외유기화(外有氣化)는 몸의 상태, 각지불이(各知不移)는 각자가 직접 깨달아 믿음이 길이 흔들리지 않는다는 뜻이다. 즉, 마음으로는 하느님의 뜻과 통하는 신비함을 느끼고 몸으로는 하느님의 기운과 통하는 경지에 이르러서, 저마다 스스로 깨닫고 굳게 믿는다는 뜻이다. 다시 말하면 온몸과 온 마음으로 하느님을 직접 체험하고 길이 깨달아 굳게 믿는다는 뜻이다. '모

신다'는 말은 오늘날 종교학에서 말하는 '신앙(faith)'을 뜻한다.[5]

최동희는 체험의 측면에서 시(侍) 자를 해석하고 있습니다. 그는 내(內)는 마음을 뜻한다고 풀이하면서 '내유신령'은 마음으로 하늘님의 신령스러움, 즉 신비함을 느끼는 것이며, 외유기화는 몸으로 하늘님의 기운과 통하는 것이라고 합니다. 그리고 '각지불이'는 하늘님을 온몸과 마음으로 체험하여 굳게 믿게 된 것을 뜻한다고 합니다. 그러므로 '모신다'는 것은 온몸과 마음으로 하늘님을 직접 체험함으로써 하늘님을 굳게 믿게 되는 신앙이 생긴다는 뜻으로, 모심을 '신앙'[6]이라고 풀이하고 있습니다.

한편 윤석산은 다음과 같이 풀이하고 있습니다.

> '시'라는 것은 한울님으로부터 품부받은 그 마음을 다시 회복하는 순간을 의미하는 것으로, 안으로는 한울님의 신령함을 만나는 것이요, 밖으로는 한울님의 무궁한 기운을 체득하는 것이니, 이 세상 사람들이 각기 깨달아 그 마음이 변하지 않는 것을 말하는 것이다.[7]

윤석산은 '시' 자를 하늘님으로부터 품부받은 본래의 마음을 회

---

5 최동희, 『새로 쓰는 동학』, 서울: 집문당, 2003, 240쪽.

6 최동희의 '신앙'이라는 말은 월프레드 캔트웰 스미스가 '축적적 전통'과 대비되는 개념으로 중시하고 있는 개인의 인격체적 '신앙'의 의미로 쓰고 있는 것 같다(월프레드 캔트웰 스미스 지음, 길희성 옮김, 『종교의 의미와 그 목적』, 서울: 분도출판사, 1997년 3쇄, 229-255쪽 참조).

7 윤석산, 『동경대전 주해』, 서울: 동학사, 1998년 1판2쇄, 83, 86쪽.

복하는 순간으로 해석하고 있습니다. 온몸과 마음으로 하늘님의 신령함과 기운을 온전히 체득함으로써 그 마음을 변치 않는 것이라고 풀이하고 있습니다.

대체로 천도교 교리화의 작업에 앞장섰던 양한묵, 이돈화의 글은 시천주를 인내천 논증의 근거로 삼아 존재론적으로 해석하는 태도를 보이고 있습니다. 그런데 시천주를 인내천의 합일적 측면에서만 바라보기 때문에 시천주는 인내천으로 환원되어 버리고 말지요. 이것이 천도교 시대에 시천주를 별로 강조하지 않게 된 이유이기도 합니다. 반면 최동희, 윤석산은 수도 과정에서 마음이 어떤 상태에 도달할 때, 온몸과 마음으로 하늘님을 체험하는 것, 즉 신앙적 측면에서 해석하고 있습니다.

그런데 인내천의 근거를 찾기 위한 존재론적 관점에서만 해석해도 수운의 시천주의 본래 의미를 다 살리지 못하는 것 같고, 그렇다고 어떤 마음의 상태에서 하늘님을 체험하는 것으로만 해석해도 뭔가 부족하게 느껴집니다. 특히 '네 몸에 모셨으니 사근취원하단 말가' 같은 구절을 어떻게 해석해야 될지 의문이 생깁니다.

한편, 김경재는 '시' 자를 다음과 같이 해석하고 있습니다.

> '안에'라는 표현은 물론 '인간의 생명체, 몸 안에'라는 말이다. 인간의 실존적, 신령적 체험 양식을 공간 상징을 통해 표현한 것이다. 동학의 신 체험은 몸이라는 구체적이고도 전일적인 생명체로서 체험되고 그 심령의 중심부에서 체험된다는 것을 의미한다. 몸의 기능적 일부가 아니라, 몸의 총체적 종합 기능을 통해서이다. 지적 인식 능

> 력, 감성적 심미 능력, 도덕적 가치 판별과 결단 능력이 총체적으로 통전된 생명체로서의 몸 안에서 신령한 궁극적 실재가 현존한다는 체험이다.[8]

'모심'은 당연히 하늘님이 '인간의 몸 안에' 내재해 있다는 의미이기도 하지만, 동시에 인간의 실존적 신령적 체험을 의미한다는 것입니다. 그리고 수운 선생의 신 체험은 단순히 정신과 구별되는 신체의 체험이 아니라 그것이 통합된 구체적이고 전일적인 몸으로 체험되고, 그 생명체 심령의 중심부에서 체험된다는 것이며, 그 몸 안에 신령한 궁극적 실재가 현존한다는 체험이라는 것입니다. 그래서 '신령'의 내주체험(內住體驗)은 초월자의 내주적 체험이면서, 동시에 인간 생명을 영험하게 하고, 투명하게 하고, 황홀하게 만들면서, 일상적인 인식론적 주객 구조를 돌파하게 하는 역동적 존재자로서의 '신령 사건'이라고 합니다.[9]

끝으로 수운을 계승한 해월 최시형 선생의 '시'에 대한 언급을 살펴보도록 하겠습니다. 해월 선생은 '시' 자의 의미에 대해 다음과 같은 물음을 던집니다.

> 여러분은 모실 시자의 뜻을 어떻게 해석하는가. 사람이 포태의 때에 이때를 곧 모실 시 자의 뜻으로 해석하는 것이 옳으냐, 세상에 태어난 이후에 처음으로 모실 시 자의 뜻이 생기는 것일까, 또 대신사(수

---

8 김경재, 「수운의 시천주 체험과 동학의 신관」, 『동학연구』 제4집, 28쪽.

9 같은 글, 29쪽.

운—필자 주) 포덕 강령의 날에 모실 시 자의 뜻이 생겼을까, 여러분은 이 뜻을 연구하여 보라.[10]

이 말은 '시'의 의미는 위의 세 가지를 다 고려해야 한다는 의미로 들립니다. 즉, 포태(임신)가 될 때 하늘의 기운에 의해 몸이 만들어지기 시작하고, 태어나는 날에 하늘의 영에 의해 마음 작용이 시작된다는 뜻으로 여겨집니다.[11] 그러나 그것으로는 모심의 의미가 부족하고, 수운 선생과 같이 강령을 통해 직접 하늘님을 체험해 볼 때 진정 '시' 자의 뜻, 모심의 의미를 알 수 있게 된다는 것입니다. 그러므로 모든 사람이 하늘의 영과 기에 의해 태어나고 생명 활동이 시작되지만, 실제로 강령 체험을 통해야만 참으로 모심을 알 수 있다는 의미입니다. 그래서 해월 선생은 "밖으로 접령하는 기운이 있음과 안으로 강화의 가르침이 있음을 확실히 투득해야 가히 덕을 세웠다 말할 것이니, 그렇지 못하면 탁명이나 했다는 것을 면치 못할 것이니라."[12]고 말하기도 했습니다.

수운 선생의 '시' 자는 하늘님이 내 안에서는 영으로서, 나의 밖에서는 끊임없는 기운(생명 에너지)으로서 작용하고 있다는 것을 온몸으로 체험하여 그 하늘님을 참으로 삶의 중심으로 모시고 공경하라는 의미를 담고 있다고 하겠습니다.

10 『해월신사법설』, 「기타」.

11 『해월신사법설』, 「영부 · 주문」, "內有神靈者, 落地初赤子之心也. 外有氣化者, 胞胎時理氣應質而成體也."

12 『해월신사법설』, 「심령지령」.

그런데 이는 단순히 궁극적 실재로서의 지기를 몸으로 체험하는 것을 의미하는 데 그치는 것도 아니며, 처음부터 인간과 신의 구분 없이 '내가 바로 하늘님'이라는 의미도 아닙니다. 인내천은 반드시 시천주를 전제해서 성립됩니다. 수운 선생의 '시'는 내가 하늘의 영기로 태어나 그 안에서 살지만, 동시에 그 하늘님 역시 내 안에서 살고 계시면서 나의 지성(至誠)과 성원(誠願)에 감응하고 응답하는 실재임을 온전히 체험하고 깨달아 그 모신 하늘님을 지극히 공경하고 받들어 모심을 의미합니다. 그러므로 처음부터 하나라고 하기는 어렵습니다. 궁극적으로는 하나이지만, 완전한 합일로 나아가기 전에는 내 몸 안에 엄연히 현존하고 있는 '신령'의 실재가 있고 그 '신령'의 존재를 체험하고 받들어 모시는 과정이 필요합니다. 그래서 선생은 '시천주'의 '주(主)' 자의 의미를 "존칭하여 부모와 같이 섬기라는 뜻"[13]으로 풀이합니다. 그러므로 선생의 '시' 자, '모심'의 의미는 나의 안팎에서 신령과 기화로 모셔져 있는 존재론적 실상과, 그 모심에 대한 자각적 체험과, 또한 내 안에 모신 하늘님을 부모님처럼 섬기라[與父母同事]고 하는 의미가 다 내포되어 있다고 할 수 있습니다.

'시' 자를 이렇게 해석하게 되면, 수운 선생의 '하늘님(천주)'은 두 측면이 있습니다. 내 안에 모셔져 있는 '영(내유신령)'으로서 측면과 바깥에서 기운으로 작용하는 우주적 기(氣)의 측면입니다. 하늘님이 내재적 영이기도 하고 또 우주적 기라고도 하는 데서 수운

13 『동경대전』, 「논학문」, "主者, 稱其尊而與父母同事者也."

선생의 '하늘님' 관념을 파악하는 난점이 있습니다. 수운의 '하늘님'은 초기에는 초월적인 인격적 신으로 이해되기도 했습니다. 그러나 때로는 내재적인 영으로, 때로는 우주적 기로서 이해되기도 합니다. 심지어는 곧바로 '마음'으로 이해되기도 합니다. 이런 여러 측면을 어떻게 모순되지 않고 통합적으로 이해할 수 있을지가 수운 선생의 '하늘님'을 이해하는 데 중요한 관건입니다.

2) '하늘님' 관념과 지기(至氣)

많은 학자들이 동학의 '하늘님' 관념을 파악하는 데 어려움을 느낍니다. 그러다 보니 어떤 학자는 동학의 신관을 '초월적인 일신관'이라고 하는가 하면, 때로는 '범신관(汎神觀)'으로, 또는 이 둘이 결합된 '범신론적 일신관(汎神論的一神觀)', 또는 '범재신론(汎在神觀)'으로 보기도 합니다. 신관이 수운 선생 이후에 변했다고 보기도 합니다. 예를 들어 수운의 초월적·인격적인 일신관이 해월에 와서는 범신관으로, 다시 의암에게서는 범신관이 더 강화되어, 거의 인격성이 탈각되는 것으로 파악하기도 합니다.[14]

동학의 '하늘님' 관념, 즉 신관을 파악하기 어려운 것은 수운 선

14 대표적으로 최동희는 수운의 신관은 초월적 인격신관으로 보고 있으나, 해월에 와서는 범신론으로 바뀐 것으로 파악하고 있다. 그리고 의암(義菴)에 와서는 "천(天)의 종교성을 없애고 철학적 체계를 갖추려고 했으며, 신앙의 대상이 아니고 단지 천지만물의 생성을 설명하기 위한 원리, 혹은 근원으로 해석하고 있다"고 하여 탈인격화된 것으로 파악했다(최동희·유병덕, 『韓國宗敎思想史 3』, 연세대 출판부, 1999).

생 자신이 하늘님을 일면적으로 규정하지 않았고, 또 수도 과정에서 조금씩 다르게 체험하고 표현하고 있기 때문입니다. 선생은 주문 21자를 풀이하면서 다른 20자는 모두 풀이하고 있는데, 하늘 '천(天)'자는 풀이하지 않았습니다. 아마도 '하늘(님)'은 규정할 수 없기 때문이 아닌가 합니다. 또 수운 선생은 다양하게 하늘님을 체험합니다. 초기에는 하늘님을 바깥에서 말씀을 내리는 초월적이고 인격적인 존재로 체험했습니다. 그런가 하면 온몸을 뒤흔드는 기운으로 체험하기도 했습니다. 그리고 시간이 지나면서는 '내면에 모신 영(내유신령)'으로서 체험합니다. 그래서 이후의 실천적 강조점은 영으로서 모셔져 있는 '네 안의 하늘님을 발견하라', '네 안의 하늘님을 부모님처럼 잘 섬겨라'에 있게 됩니다.

동학의 하늘님은 일차적으로 이전부터 우리 민족이 섬겨 왔던, 한해 농사가 끝난 뒤에 제천의례를 지냈던 그 하늘님이며, 어머니들이 새벽마다 정화수 떠놓고 찾았던 그 하늘님이기도 합니다. 그런데 수운 선생의 하늘님 관념은 이런 소박한 관념을 이어받으면서도 시천주를 자각한 이후에는 그 의미가 확장되었다고 할 수 있습니다. 체험이 깊어지면서 하늘님에 대한 관념이 풍부해지는 것입니다. 여전히 경천의 대상으로서 인격적 절대자이기도 하지만, 때로는 내 안에 모셔져 있는 영으로, 때로는 내 몸에서 기운으로 체험되는 우주적 기(氣)이기도 합니다. 또 '내 마음이 곧 네 마음[吾心卽汝心]'을 깨닫고 나서는 '마음'이 곧 '하늘님'으로 이해되기도 합니다.[15]

---

15 물론 수운 선생은 명시적으로 '마음이 바로 하늘'이라고 하지는 않았다. 이는 해

이는 일견 모순되는 것처럼 보이기도 하지만, 사실은 '궁극적 실재'의 다양한 측면을 나타내고 있다고 할 수 있습니다. 그것이 한 개인에게 체험될 때, 또는 문화적 전통에 따라 다르게 체험되어 왔습니다. 그래서 어떤 전통에서는 초자연적 인격신으로 이해했는가 하면, 어떤 전통에서는 모든 만물에 내재된 신성으로 이해하기도 했고, 어떤 전통에서는 도(道), 또는 이(理)와 기(氣)로 이해되기도 했습니다. 이런 용어들은 모두 본래 분리될 수 없는 궁극적 실재의 한 측면을 대변하고 있다고 이해할 수 있습니다.

수운 선생은 이 궁극적 실재를 여러 차원에서 체험했다고 할 수 있습니다. 그리고 최종적으로는 '내 마음이 본래 하늘 마음'이었고, 나라는 존재 자체도 본래 '하나의 영'의 표현이었다는 '무궁한 이 울 속의 무궁한 나'[16] 즉 '인내천'을 깨닫는 단계로 나아간 게 아닌가 합니다. 그러므로 동학의 신관은 일면적으로 규정할 수 없고, 수운 선생의 다양한 하늘님 체험에 바탕해서 이해해야 할 것입니다. 성해영은 "수운의 종교 경험에 내재된 일원론적 통합성과 이원론적 상대성은 궁극적 실재의 초월성과 내재성을 동시에 강조하는 동학의 독특한 천(天) 관념으로 이어지게 된다"고 합니다.[17] 수도의 단계

월 선생에 와서 강조된다. 해월 선생은 "마음은 어느 곳에 있는가 하늘에 있고, 하늘은 어느 곳에 있는가 마음에 있느니라. 그러므로 마음이 곧 하늘이요 하늘이 곧 마음이니, 마음 밖에 하늘이 없고 하늘 밖에 마음이 없느니라."라고 하여 '마음이 하늘[心卽天]'이라는 점을 무척 강조했다. 그래서 선생의 수도에서 가장 중요한 것은 마음을 항상 잘 살펴, 언제나 맑고 밝고 온화하고 신령하게 보존하는 것이었다. 그것이 해월 선생의 '수심정기(守心正氣)' 공부이다.

16 『용담유사』, 「흥비가」. '울'은 우주(하늘, 한울)를 뜻한다.

17 성해영, 「수운 최제우(崔濟愚) 종교 체험의 비교종교학적 고찰: "체험-해석틀"의

에 따라 처음에는 초월적인 인격신으로 체험되었던 존재가 우주적 기운으로, 내재된 영으로 체험되고, 나중에는 하나의 마음으로, 또 더 나아가 본래 하나였다는 것을 깨닫는 단계로 나아갔다는 것을 강조할 필요가 있습니다. 즉, 하늘님은 일의적으로 규정할 수 없지만, 수도의 단계에 따라, 수도가 깊어지면서 초월성보다는 내재성을, 믿음보다는 깨달음이 강조되는 방향으로 그 함의 또한 더욱 풍부해지고 깊어졌다고 할 수 있습니다.[18]

수운 선생의 하늘님 관념을 이해하는 데 다음으로 중요한 것이 바로 '지기(至氣)'입니다. 이는 수운 선생의 우주론을 이해하는 데도 중요합니다. 물론 수운 선생은 학자가 아니므로 우주론을 이론적으로 전개하고 있지는 않습니다. 선생은 직접 '지기'의 뜻을 다음과 같이 풀이하고 있습니다.

> 지(至)라는 것은 지극한 것이요, '기(氣)'라는 것은 비었으되 신령함으로 가득 차서 모든 일에 간섭하지 않음이 없고, 명령하지 않는 일이 없다. 형체가 있는 것 같으나 형용하기 어렵고 들리는 듯하나 보기는 어렵나니, 이 또한 혼원한 하나의 기운[一氣]인 것이다.[19]

상호 관계를 중심으로」, 동학학회, 『동학학보』 18호, 2009 참조.

18 그럼에도 불구하고 수운 선생의 '하늘님' 관념에서 제일 중요한 것은 앞서도 언급한 것처럼 인간의 몸에 '모셔져 있는 영(내유신령)'이다. 동학에서 신앙의 대상으로서 하늘님을 말할 때는 대체로 자기 안에 모셔져 있는 이 '내유신령'을 의미한다.

19 『동경대전』, 「논학문」, "至者 極焉之爲至 氣者虛靈蒼蒼 無事不涉 無事不命 然而如形而難狀 如聞而難見 是亦渾元之一氣也."

우주는 보이지 않지만 생명 에너지인 기로 가득 차 있고, 그 기가 뭉쳐져 만물이 되고, 만물이 흩어지면 본래의 본체의 기로 돌아간다는 것은 전통적인 기에 대한 이해입니다. 그러므로 기는 만물을 이루는 질료이면서 생성 변화의 힘(에너지)이며, 생명 에너지의 보이지 않는 흐름이라고 할 수 있습니다. 본체로서 하나의 '기(氣)'가 응축되어 만물의 다양성을 낳고, 그 만물은 다시 본래의 '하나', 일기(一氣)로 돌아가는 구조입니다. 수운 선생은 그런 본체의 기를 '지기(至氣)'라고 부릅니다. 이는 하나의 근원적인 실재(궁극적 실재)를 의미합니다. 이것은 증명의 대상이 아닙니다. 그냥 본래부터 있는 우주의 근원적 '있음'을 가리키는 용어입니다.

이 근원적 실재는 만물의 다양성을 초월해서 있는 궁극적 하나이기에 '지극하다'고 표현합니다. 만물이 다양한 형상으로 표현된 것도 역시 기이지만, 수운 선생은 그렇게 드러난 기 이전의 근원적 일기(一氣)를 논하고 있는 것입니다. 그런 점에서 '지'는 초월성을 의미합니다. '허령'은 기가 단순한 물질적 질료가 아니라 보이진 않지만 무언가 신령한 것으로 가득 차 있는 영적 실재라는 것을 의미합니다. '창창'하다는 것은 기가 우주에 가득 차 있다는 것을 의미하며, '간섭하지 않음이 없다'는 것은 지기에 의해 만물이 형상화되었지만 그것으로 활동이 멈추는 게 아니라 만물의 안팎에서 계속 생성 작용을 하고 있음을 의미합니다. '명령하지 않음이 없다'는 것은 만물은 무목적적인 우연성에 의해 결합되어 진화해 온 것이 아니라, 그 만물의 존재 이유와 본질을 마치 설계도처럼 부여하여, 그 내재된 본질에 따라 특정한 방향으로의 생성과 진화가 이루어지고 있다는 것을 의미합니다.

1920년대 『개벽』 잡지의 주간이었던 야뢰 이돈화는 지기의 생명력이 일체의 의식 현상과 생명 현상의 근저라고 합니다. "그러므로 일체 생명의 원류에는 유일무이한 본원적 충동력, 즉 생명의 충동력이 있을 뿐이다. 만유는 생명 충동의 무한한 발전이다."[20]라고 했습니다. 지기를 '활동하는 영' 그 자체이며, 우주는 활동 중에 있는 영의 특정한 의지적 표현으로 보고 있습니다. 그러므로 "지기는 단순히 우주를 구성하는 '우주적 질료(universal stuff)'가 아니라, 신령성, 초월성, 편재성, 정언적 명령성을 다 내포한 궁극적 실재"[21]입니다. 수운 선생의 지기는 우주 속에 편재(偏在)해 있으면서 동시에 우주의 생성과 인간 의식의 진화 등의 모든 과정에 참여하고 있는 영적 · 정신적 실재입니다. 그러므로 이 지기가 "일종의 근원적 에너지로서만 그치지 아니하고 신령적 존재로서 인간의 성원(誠願)에 감응한다고 보는 점이 동학이 종교로서 성립되는 갈림길"[22]이라고 할 수 있습니다.

이렇게 지기를 활동하는 영으로 파악하게 된 연유는 아마도 수운 선생 자신의 체험 때문이라고 생각됩니다.[23] 수운 선생은 경신년의 체험에서 우주의 혼원한 기운이 바로 영적인 존재이며, 자신에게 가

---

20 이돈화, 『신인철학』, 천도교중앙총부, 1982, 31쪽.

21 김경재, 앞의 글, 28쪽.

22 김경재, 「東學의 神觀」, 『東學思想論叢』 제1집, 天道教中央總部, 1982, 218쪽.

23 신일철, 「동학사상의 도교적 성격 문제」, 『동학사상의 이해』, 서울: 사회비평사, 1995, 148, 155쪽.

르침을 줄 수도 있다는 것을 온몸으로 체험했습니다. 그리고 이 존재가 역시 우주의 근원적 실재로서 우주의 운행과 만물의 화생을 주관하는 존재라는 것을 확신하게 되었습니다. 그래서 선생은 "지기금지원위대강(至氣今至願爲大降)"이라는 기화 체험을 간구하는 주문을 '강령주문(降靈呪文)'이라고 했습니다.[24] 그에게는 기가 곧 영이었다는 것을 알 수 있습니다. 우주는 하나의 기[一氣]이자 하나의 영의 표현입니다. 기와 영은 본래 둘이 아니고 하나입니다. 우주가 물리적 자연으로만 구성된 것이 아니라 본래 살아 있는 생명적 기로 가득 차 있고, 이미 신령한 영적 실재로서 어떤 지향성을 가지고 있기 때문에 만물이 지금과 같이 특정한 방향으로 진화해 올 수 있었다고 해석할 수 있습니다. 이 하나의 영을 수운 선생은 '천주', '하늘님'라고 이름했습니다.

요컨대 수운 선생의 '하늘님'은 우주적 영으로서, 인간을 비롯한 모든 만물을 낳고 또 그 안에 내재해 있습니다. 동시에 그 안팎에서 기운으로 작용하며 전체 생명과 유기적인 네트워크를 형성하고 있습니다. 이것이 내유신령과 외유기화로서의 하늘님입니다. 또한 인간의 기도와 정성에 감응하는 영적 실재라는 점에서 초자연적이지는 않을지언정 종교적 신앙 대상으로서의 '신(神)'이며 절대자이기도 합니다.

동학의 '신', '천주'는 이 우주를 만들어놓고 그 우주 너머에서 인위적으로 주재하고 간섭하고 명령하는 초자연적 유일신은 아닙

---

24 『東經大全』, 「강령주문」.

니다. 또한 이 지상을 초월한 하늘나라라고 하는 완전하고 지선한 아름다운 장소에서 면류관을 쓰고 있는 근엄한 할아버지 형상의 어떤 고정된 인격적 실체를 갖춘 그런 존재도 아닙니다. 동학의 천주, 하늘님은 이 우주 밖에 초월적으로 존재하지 않고 이 우주 안에 같이 있습니다. 하나의 인격적 실체로 존재하지 않고 기라고 하는 형식으로 이 우주에 편만해 있습니다. 본체의 측면, 아직 형상으로 드러나기 이전의 차원에서 보면 '하나의 영'이지만, 현상의 차원에서 만물로 드러나게 되면 모든 존재 안에 내재한 영이 됩니다. 하나이면서 전체이고, 전체이면서 하나입니다.

요컨대 수운 선생에게 하늘님은 초자연적인 인격신으로 이해될 수는 없지만 인간의 마음에 감응하는 영적 실재이며, 하나의 영입니다. 하늘님은 지기(至氣)의 인격적 의인화이며, 지기의 영적 측면을 강조한 표현으로 이해할 수도 있습니다. 이 둘은 같은 실재이지만 신앙적 차원에서는 '하늘님(천주)'이라고 하고 존재론적 차원에서는 지기입니다. 기가 바로 영이기도 하다는 것, 이것이 동학 신관의 특징이며, 여기서 동양의 범신론적 우주론과 서양의 일신관이 만날 수 있는 가능성이 열리게 됩니다. 이 둘은 원래 다른 것이 아니라 궁극적 실재의 다른 측면일 뿐입니다.

3) 귀신도 하늘님이다?

귀신(鬼神)에 대한 논의는 성리학에서도 매우 중요한 주제 중의 하나였습니다. 이기론(理氣論)의 체계에서는 물론, 인간사의 불가

해한 일들, 그리고 조상에 대한 제사의 문제에서도 중요한 논의의 대상이었습니다. 수운 선생 역시 '귀신'에 대해 논하고 있는데, 그것도 그의 최종적 깨우침이라고 할 수 있는 '오심즉여심(吾心卽汝心)'을 언급하면서 나옵니다. 그 내용은 다음과 같습니다.

> 하늘님 말씀하시길 "내 마음이 곧 네 마음이니라. 사람이 어찌 이를 알리요. 천지는 알아도 귀신은 모르니 귀신이라는 것도 나니라."[25]

'오심즉여심'은 수운 선생의 수련이 극치에 달하고 마음이 지극히 신령한 곳에 이르러 하늘 마음과 하나가 되었다는 것을 의미합니다. 그런데 가르침이 여기서 그치지 않고 '귀신이라고 하는 것도 나다[鬼神者吾也]'라고 합니다. 세상 사람들이 천지는 알아도 귀신을 모르는데 귀신도 다름 아닌 하늘님이라는 것입니다. 흔히 말하는 개체 영혼으로서 귀신이 따로 있는 게 아니라는 얘기이지요.

원래 귀신 개념은 제사의 대상이 되는 영격을 의미하는 것이었지만, 송대의 성리학에 와서는 자연철학적 개념으로 주로 쓰이게 되어 '조화의 자취[造化之迹]', '이기의 양능[二氣之良能]', '천지의 공용[天地之功用]' 등으로 설명되어 왔습니다.[26] 쉽게 말해, 성리학에서 귀신 개념은 기의 음적인 작용(귀)과 양적인 작용(신)을 가리키는 것입니다. 그 음양의 작용에 의해 천지에 자취가 드러난 것이므로,

---

25 『동경대전』, 「논학문」, "曰吾心卽汝心也. 人何知之, 知天地而無知鬼神, 鬼神者吾也."

26 진순, 『북계자의』, 「귀신」.

조화의 자취니, 천지의 공용이니, 이기의 양능이니 하는 표현을 쓴 것입니다.

수운 선생의 귀신 개념은 이런 성리학의 귀신 개념을 계승하고 있습니다.

> 사람의 수족 동정 이는 역시 귀신이오,
> 선악 간 마음 용사 이는 역시 기운이오,
> 말하고 웃는 것은 이는 역시 조화로세.[27]

알 수 없는 어떤 신묘한 작용, 만물의 화생, 인간의 굴신동정 모두가 귀신 작용이면서 기운 작용이요 하늘님 조화가 드러난 것(자취)이라는 것입니다. 귀신, 기운, 조화가 하나이긴 한데 구분해서 보자면, 귀신은 작용하는 주체로서의 개념, 즉 에이전트(agent)의 개념이 강하고, 기운은 작용되는 것, 작용되는 실재, 어떤 힘, 에너지 등의 개념이 강하고, 조화는 그런 귀신과 기운 작용에 의해 현상적으로 나타난 것을 가리키는 의미입니다. 그렇다면 이런 동학의 귀신 개념이 성리학의 그것과 다른 것은 무엇일까요.

첫째, 사람의 수족동정, 즉 손발을 움직이고 말하고 웃는 것 등의 일체의 일과 행동이 내 의지대로 하는 것 같지만, 사실 음양의 기운 작용(귀신), 즉 하늘이 간섭하고 감응해야 된다는 것입니다. 물론 마음을 일으키는 것은 이쪽이지만 그것으로 몸이 움직여지는 것이

27 『용담유사』, 「도덕가」.

아니라 바깥에서 기운이 들어와야 한다는 것입니다. 하늘이 감응하지 않으면 한 호흡도 할 수 없고 손가락 하나도 까딱할 수 없다는 것입니다.[28] 밖에서 전기 에너지가 들어오지 않으면 아무것도 작동시킬 수 없는 컴퓨터나 전자 제품을 생각하면 이해가 쉽습니다. 나를 낳게 한 것도 음양의 기운으로서 귀신 작용이며, 지금 나를 살게 하는 것도 귀신 작용입니다. 다르게 말하면 하늘님 영의 작용입니다. 인간은 자기 몸뚱어리 안에서 일어나는 생명 활동만으로 살아갈 수 있는 것이 아니라, 전체 생명과의 유기적 관계 속에서만 살 수 있습니다. 이것을 온전히 알게 될 때, 하늘 속에 내가 있으며, 내 안에 하늘이 있다는 것을 명확히 알고 진정으로 하늘을 공경하고 따르고자 하는 마음이 생길 수 있다는 것입니다.

둘째, 사후의 존재로서 귀신을 인정하지 않는 것입니다. 쉽게 말해 개체 영혼이 따로 있어서 흔히 말하는 귀신 현상이 일어나는 것이 아니라는 말입니다. 물론 그런 현상 자체를 부정하는 것은 아닙니다. 현상은 있을 수 있습니다. 하지만 그것이 어떤 실체가 있어서 그런 현상이 일어난 것은 아니라는 것입니다. 세상에는 현상은 있

---

28 수운이 해월에게 도통을 전수할 때의 일화가 교사에 공통적으로 나온다. 그 중에서 『천도교창건사』의 부분을 옮기면 다음과 같다. "대신사…다시 갈으되 '그대 수족을 임의로 굴신하여 보라' 함에 말이 마치는 순간에 최경상(해월—필자 주)이 문득 정신이 황홀하여지며 입으로 말을 발할 수 없고 수족을 또한 굴신치 불능한지라. 대신사 다시 갈으되 '그대 어찌함이뇨' 한데 최경상이 그제야 비로소 몸을 동하고 정신이 여구(如舊)한지라. 최경상이 그 이유를 물은대 대신사 갈으되 '나의 마음이 곧 너의 마음이며 나의 기운이 곧 너의 기운인지라. 나의 마음 먹는 바 그대에게 미침이니 이는 곧 천지만물이 유일의 지기로써 화생한 증거니라. 내 이 증거를 이제 그대에게 체험케 하였나니 그대 이에 순응하라.'"

지만 실체가 없는 경우들이 많이 있습니다. 비와 천둥 같은 기상 현상들이 대부분 그렇습니다. 비라는 실체가 있어 내리는 게 아닙니다. 하늘에서 물줄기가 내리는 것을 비라고 이름한 것에 불과합니다. 귀신 현상 역시 개체 영혼이라는 실체가 따로 있어서 나타나는 게 아니라는 겁니다. 그 체험자의 주관의 필름에 바깥의 어떤 기운이 동조되어 나타나는 현상에 불과합니다. 수운 선생은 당시 사람들이 그릇된 미신에 빠져 온갖 귀신을 섬기는 것을 보고 비판하면서 다음과 같이 읊고 있습니다.

> 아동방 현인달사 도덕군자 이름 하나
> 무지한 세상 사람 아는 바 천지라도
> 경외지심 없었으니 아는 것이 무엇이며
> 천상에 상제님이 옥경대에 계시다고
> 보는 듯이 말을 하니 음양 이치 고사하고
> 허무지설 아닐런가 한나라 무고사가
> 아동방 전해 와서 집집이 위한 것이
> 명색마다 귀신일세. 이런 지각 구경하소
> 천지 역시 귀신이오 귀신 역시 음양인 줄
> 이같이 몰랐으니 경전 살펴 무엇 하며
> 도와 덕을 몰랐으니 현인군자 어찌 알리[29]

29 『용담유사』, 「도덕가」.

수운 선생은 당시 사람들이 마음을 닦는 데는 힘쓰지 않고 그릇된 신앙에 빠져 복만 빌고 있는[發福] 풍토에 대해 비판하고 있습니다. 선생은 모든 것이 하나의 지기(至氣)의 기운 작용에 의해 나타난 것이라고 합니다. 물론 그런 현상이 나타나게 된 것은 마음의 작용 때문입니다. 마음에서 지으면 기운이 응합니다. 그리고 그 사람의 선이해(先理解)에 따라 이런저런 모습으로 형상화되어 나타납니다. 하지만 그런 현상도 어떤 개체 영의 실체가 있어서 그렇게 들어오는 것은 아니라는 것입니다. 설사 외부적으로 그렇게 보인 것이라 하더라도 그런 체험은 나의 어떤 마음의 상태가 불러들인 것입니다. 요컨대 신적 현상의 모든 원인은 지기의 하늘님에 의해서이지 다른 무엇에 의해 일어나는 것이 아니라는 것이 '귀신자오야(鬼神者吾也)'가 함축하고 있는 의미라고 생각됩니다.

귀신에 대한 생각이 달라짐에 따라 제사의 방법도 달라지게 됩니다. 사후적 존재를 따로 인정하지 않게 됨에 따라, 동학의 제사법은 기존의 '향벽설위(向壁設位)'에서 '향아설위(向我設位)'로 바뀌게 됩니다. 이는 1897년 해월 선생의 말년에야 비로소 시행하게 됩니다. 벽을 향해 제사상을 차리지 않고, 나(후손)를 향해 제사상을 차린다는 것은 조상이 사후에 저 세상에 계시다가 제삿날 벽을 타고 밖으로부터 오시는 것이 아니라, 자손의 심령과 혈기 속에 함께하고 계시다는 인식에 따른 것입니다.

이는 신 중심의 수직적이고 저 벽쪽, 피안, 미래, 저 종말, 역사의 저쪽 혹은 과거 조상들의 시간을 향했던 관습을 이제 자기에게로, 지금 여기에 실존하는 삶과 생명으로 되돌리는 것을 의미합니다.

관습이라는 것이 가장 바꾸기 어려운 것이라는 점을 고려할 때 "이 간단한 밥그릇 위치가 저쪽에서 이쪽으로 돌아오는 것은 후천개벽(後天開闢)의 상징이며 인류 오만 년 문명사 전체의 질서를 뒤집어 놓는 후천개벽의 가장 완벽한 집행"[30]이라고 할 수 있습니다.

요컨대 수운 선생은 '오심즉여심'과 함께 이 '귀신자오야'를 깨닫고 성리학의 귀신관에서 명확하게 밝히지 못했던 무형의 세계에 대한 원리와 인간 존재의 본질을 밝혀 비로소 온전한 진리인 '다함이 없는 큰 도[無極大道]'를 투득했다고 자부했던 것입니다.

4) 무위이화(無爲而化), 자연한 이치

앞에서 살펴보았듯이 동학의 신관은 신을 우주 바깥에 초월적으로 존재한다고 보지 않습니다. 초자연적 절대자로 이해하지는 않습니다. 신은 우주 속에 존재합니다. 아니 우주 자체가 하나의 영(신)의 표현입니다. 그러므로 신도 그 우주의 생성 원리를 벗어나서 우주와 인간사에 임의로 개입, 명령할 수 없습니다. 우주는 지기가 가진 자체의 활동성과 생성력에 의해, 그리고 그 자체의 작동 원리, 메커니즘에 의해 돌아갑니다. 이런 지기의 스스로 그러한 작동 원리를 일컬어 '무위이화(無爲而化)'라고 합니다.

하늘님이 지기(至氣)의 바깥에서 명령하는 존재가 아니라 지기 안에 있기 때문에 지기 스스로의 자율적 운동과 그 원리를 '무위이

30 김지하, 『생명학1』, 화남, 2003, 232쪽.

화'라고 합니다. 수운 선생은 '조화'를 '무위이화'라고 풀이하기도 하는데[31] 이는 하늘님의 조화, 즉 만물을 화생하여 드러나게 하는 원리가 무위이화라는 것입니다. 우주의 운행과 만물의 화생은 어떤 인격적 신의 명령에 의해 이루어지는 것이 아니라 지기 자체의 스스로 그러한 메커니즘에 의해 이루어진다는 것입니다.

> 우리 도는 무위이화라. 그 마음을 지키고 그 기운을 바르게 하고 하늘님 성품을 거느리고 하늘의 가르침을 받으면, 자연한 가운데 화(化)해 나는 것이요, 서양 사람은 말에 차례가 없고 글에 순서가 없으며 도무지 하늘님을 위하는 단서가 없고 다만 제 몸만을 위해 빌 따름이라. 몸에는 기화지신(氣化之神)이 없고 학에는 하늘님의 가르침이 없으니 형식은 있으나 자취가 없고 생각하는 것 같지만 주문이 없는지라, 도는 허무한데 가깝고 학은 하늘님을 위하는 것이 아니니, 어찌 다름이 없다고 하겠는가.[32]

그러므로 수운 선생이 깨달은 것, 즉 천도(天道)의 내용이 바로 이 '무위이화'의 이치라고 할 수 있습니다. 이것이 만물 화생의 이치이며, 수운 선생이 "거의 한 해를 닦고 헤아려 본즉, 또한 자연한

---

31 『동경대전』, 「논학문」, "造化者, 無爲而化也."

32 『동경대전』, 「논학문」, "吾道無爲而化矣. 守其心正其氣, 率其性受其教, 化出於自然之中也. 西人, 言無次第, 書無皂白, 而頓無爲天主之端, 只祝自爲身之謀, 身無氣化之神, 學無天主之教, 有形無迹, 如思無呪, 道近虛無, 學非天主, 豈可謂無異者乎?"

이치가 없지 아니하다"고 했을 때의 '자연한 이치'입니다. 수운 선생이 이것을 깨달음으로써 비로소 천도의 이치를 깨달았다고 확신하면서 이후에 주문을 짓고 강령되는 법을 만들어 사람들을 가르쳤던 것입니다.[33]

요컨대 우주의 궁극적 실재는 지기(至氣)이며, 이 지기가 작동되는 메커니즘이 바로 '무위이화'의 '리(理)'가 됩니다. 즉, '리'가 '기'와 구분되어서 존재하지 않고 리가 지기 안에 포함되어 지기의 작동 메커니즘이 됩니다. 물질과 정신이 둘이 아니고, 영과 기가 둘이 아니고, 리와 기가 둘이 아니라고 보는 것입니다. 그래서 수운 선생은 리와 기를 굳이 구분하지 않고, '지기(至氣)' 또는 '혼원지일기(混元之一氣)'라고만 표현합니다. 리와 기를 구분하지 않는다는 점에서는 성리학의 이기이원론보다는 기일원론적 경향에 가깝다고 볼 수 있는데, 성리학의 기론과 다른 것은 그 '기가 바로 영'이며, 하늘님의 인격성으로 드러날 수 있다는 점입니다.

이돈화는 좀 더 진화론적 관점에서 "우주는 일대 지기(至氣)의 생명체이며, 이 생명체가 계통 있는 유기적 발전을 하는 법칙을 무위이화"라고 규정하기도 했습니다.[34] 이처럼 수운 선생이 깨달은 '자연한 이치'가 곧 '천도'요, '무위이화'이며, 인간이 이 천도에 대한 자각을 통해 우주 질서에 창조적 · 주체적으로 참여하여 함께 일하고 역할하는 것(同事 · 同役)이 인간의 길임을 밝힌 것이 '동학'이

---

33 『동경대전』, 「논학문」, "吾亦幾至一歲, 修而度之, 則亦不無自然之理, 故一以作呪文, 一以作降靈之法."

34 이돈화, 『신인철학』, 38쪽.

라고 할 수 있습니다.[35]

5) 하늘님은 선악을 가리지 않는다?

수운 선생의 하늘님 관념 중에 또 하나 특이한 점은 하늘님은 '선악을 가리지 않는다[不擇善惡]'라고 표현한 점입니다. 수운 선생은 다음과 같이 말하고 있습니다.

> 사람의 수족동정(手足動靜) 이는 역시 귀신(鬼神)이오,
> 선악간(善惡間) 마음 용사(用事) 이는 역시 기운이오,
> 말하고 웃는 것은 이는 역시 조화로세.
> 그러나 하늘님은 지공무사(至公無私)하신 마음,
> 불택선악(不擇善惡)하시나니……[36]

> 호천금궐 상제님도 불택선악하신다네[37]

> 묻기를 "도를 배반하고 돌아가는 자는 어째서입니까." 대답하기를 "이런 사람은 족히 거론하지 않느니라." 묻기를 "어찌하여 거론하지 않습니까." 대답하기를 "공경하되 멀리할 것이니라." 묻기를 "입도할 때 마음은 무슨 마음이었으며 도를 배반할 때의 마음은 무슨 마음

35 조용일, 『동학조화사상연구』, 서울: 동성사, 1990, 17-31쪽.
36 『용담유사』, 「도덕가」.
37 『용담유사』, 「안심가」.

입니까." 대답하기를 "바람 앞의 풀과 같은 것이니라." 묻기를 "그렇다면 어찌 강령이 됩니까." 대답하기를 "하늘님은 선악을 가리지 않기 때문이니라."[38]

이처럼 수운 선생이 하늘님을 '불택선악'하다고 표현하는 구절이 여러 번 나옵니다. 그러므로 이 표현은 그냥 한번 우연히 나온 것이 아니라 의도적으로 매우 중요한 의미를 부여하고 있다고 봐야 할 것입니다. 물론 이 구절의 일차적 의미는 하늘님의 지공무사(至公無私)함에 대한 표현으로 볼 수 있습니다. 지극히 공변되어 사사로움이 없기 때문에 그 사람의 선악에 관계 없이 하늘의 기운이 작용하고 심장을 뛰게 한다는 것입니다.

하지만 이는 기존의 신관과는 매우 다른 의미를 갖습니다. 이전의 일반적인 신 관념은 선한 자에게는 복을 주고, 악한 자에게는 화를 내리는 존재였습니다. 조선말 대학자인 다산 정약용(茶山 丁若鏞, 1762-1836) 선생도 관념적인 성리학의 이론으론 현실에서 도덕이 잘 시행되지 않는 것을 보고, 인간의 선악 행위를 감시하고 그에 따라 상벌을 주는 감시자 · 주재자로서 고대의 상제 관념을 다시 끄집어내기도 했습니다.[39] 이런 마당에 '불택선악(不擇善惡)'이란 관념은 예사로운 것은 아닙니다. 물론 이 말의 의미가 인간이 선악을 구분하지 않아도 된다는 말은 아닙니다.

---

38 『동경대전』,「논학문」"曰: 反道而歸者何也?曰:斯人者不足擧論也. 曰:胡不擧論也? 曰: 敬而遠之. 曰: 前何心而後何心也? 曰:草上之風也. 曰:然則何以降靈也? 曰: 不擇善惡也."

수운 선생은 악을 실체로서 규정하지 않습니다. 선생은 당시 세태의 근본적 문제점을 모두가 자기만을 위하는 이기심, 즉 '각자위심(各自爲心)'에 빠져 있는 데서 찾고 있습니다.[40] 악이라는 것이 따로 있는 게 아니라 기운이 바르지 못하고 마음이 자주 옮기는 것, 그리고 천리와 천명에 순응하지 않는 것, 그것을 가장 큰 문제로 여겼습니다. 반대로 참된 사람은 기운이 바르고 마음이 굳건해서 항상 하늘의 덕에 합하는 사람이라고 했습니다.

> 묻기를 "하늘님 마음이 곧 사람의 마음이라면 어찌하여 선악이 있습니까?" 대답하기를 "그 사람의 귀천의 다름을 명하고 그 사람의 고락의 이치를 정했으나, 그러나 군자의 덕은 기운이 바르고 마음이 정해져 있으므로 천지와 더불어 그 덕에 합하고 소인의 덕은 기운이 바르지 못하고 마음이 옮기므로 천지와 더불어 그 명에 어기나니, 이것이 성쇠의 이치가 아니겠는가."[41]

"하늘님 마음이 곧 사람의 마음이라면 왜 선악이 있습니까"라는 물음에 수운 선생은 약간 우회적으로 답변하고 있습니다. 마음을

---

39 정약용, 『중용자잠』, 권1, 5쪽a, "君子處暗室之中, 戰戰慄慄, 不敢爲惡, 知其有上帝臨女也."

40 『동경대전』, 「포덕문」, "又此挽近以來, 一世之人, 各自爲心, 不順天理, 不顧天命, 心常悚然, 莫知所向矣."

41 『동경대전』, 「논학문」, "曰: 天心卽人心, 則何有善惡也? 曰: 命其人貴賤之殊, 定其人苦樂之理, 然而君子之德, 氣有正而心有定, 故與天地合其德. 小人之德, 氣不正而心有移, 故與天地違其命, 此非盛衰之理耶."

굳건히 정하고 기운을 바르게 하는 게 중요하다고 말입니다. 수심정기(守心正氣)라고 하는, 마음의 바탕과 기운의 상태가 중요하다는 것입니다. 근본에서는 모두가 하늘 마음이지만 마음이 자주 옮기고 기운이 바르지 못하면 하늘 마음에서 이탈된다는 이야기입니다. 선악은 이분법으로 딱 나눠 이야기하긴 어렵습니다. 그러나 중요한 것은 선과 악의 행위로 드러나기 전, 그 근본이 되는 마음 바탕을 잘 지키고 항상 기운 상태를 바르게 하는 것이란 이야기입니다. 마음과 기운 상태를 항상 맑고 밝고 온화하게 유지하라고 하는 것입니다. 그런 상태를 늘 유지할 수 있게 되는 것이 모든 실천의 근본이라는 것입니다.

선생은 선악의 문제를 길흉화복, 귀천고락과 연결시키지 않고 있습니다. 하늘을 사람의 선악의 행위에 따라 상벌을 주는 존재로 보지 않습니다. 복을 받기 위해 착한 일을 해야 한다고 이야기하지 않고, 마음과 기운이 항상 바르면 천명을 따를 수 있고 하늘과 그 덕을 합할 수 있어 군자가 될 수 있다고 답변하고 있습니다. 하늘님은 인간의 행위 하나하나에 대해 상벌을 주는 주재자, 심판관이 아니라는 것입니다. 또한 인간이 선을 행하는 이유를 상을 받기 위한 것으로 설하지 않고 오직 유덕한 사람이 되는 데 있다고 설하고 있습니다.

요컨대 수운 선생이 이해하고 있는 하늘님은, 적극적으로 선을 명령하고 그 결과에 따라 상벌을 내리는 존재라기보다는 인간의 마음에 감응하는 우주적 · 영적 기운이라고 봅니다. 이렇게 될 경우 선과 악, 성하고 쇠하는 것 모두가 전적으로 인간의 마음과 기운에 관계합니다. 이렇게 수운 선생이 이해한 하늘님은 자의적으로 인간사에 간섭하는 존재가 아니라, 모든 것을 무위이화의 원리와 인간의 의지(마음)에 내맡기는 '불택선악의 하늘님'입니다.[42] 인간의 고락귀천은 어찌할 수 없다 하더라도, 마음과 기운을 조절하는 수심정기의 공부를 통해 하늘과 덕을 합하고 하늘 조화에 참여할 수 있는 창조적 인격, 즉 성인군자는 될 수 있다는 것입니다.

여기서 하나 짚고 넘어가야 할 것이 악의 문제입니다. 신학 체계에서 제일 골칫거리가 바로 이 악의 문제라고 합니다. "종교적 교리의 모든 단순화 작업은 악의 문제의 암초에 걸려 좌초한다."[43]고 합니다. 악의 존재가 신의 전지전능함에 배치되기 때문입니다. 그러나 동학의 체계에서는 현실적 악의 존재는 인정하지만, 악의 존재가 신의 존재와 모순되지 않습니다. 지금까지 살펴본 것처럼 수운 선생의 천주·하늘님은 전지전능의 초월적 창조주가 아니라, 무위이화의 원리에 의해 작용하는 우주적 기운이기 때문입니다. 선악의 행위를 판단하여 재제하는 존재가 아니라, 사람의 마음과 기운에 따라 감응하는 영적 실재이긴 하지만 그것에 가치 판단을 하여 상벌을 내리는 존재는 아니기 때문입니다. 따라서 일상의 도덕 실천과 역사에서 선의 실현은 신의 심판에 의해서도 아니고, 성리학에서처럼

---

42 이 말은 의암에 와서는 '정시정문(正視正聞)'의 원리와 통하는 것으로 해석되어 동학 천(天) 관념의 가장 특징적인 것으로 이야기되고 있다(오문환, 『동학의 정치철학』, 제1장 天主觀, 서울: 모시는사람들, 2003, 24-44쪽).

43 A.N.Whitehead, *Religion in the making*, Intruduction by Judith A. Jones Glossary by Randall E. Auxier, New York: Fordham University Press, 1996, p.77.

리(理)에 의해 보장되는 것도 아니라, 인간 스스로 마음과 기운의 관계와 무위이화의 이치를 알아 하늘과 그 덕을 함께할 수 있을 때 가능한 것입니다.

3

"사람이 하늘이다"

1) 하늘님을 모신 존재

동학의 핵심 개념인 '시천주'는 신관을 표명한 것이기도 하지만, 다른 한편에서 보면 인간에 대한 새로운 이해로 해석될 수 있습니다. 앞서 '시' 자의 해석을 하늘님이 내유신령과 외유기화로써 인간의 몸 안에 현존한다는 뜻으로 풀이했습니다. 그러므로 수운 선생의 시천주의 자각은 하늘님이 저 멀리 천상에 계신 지존하신 존재가 아니라, 인간의 몸 안에서는 영으로써, 몸 밖에서는 기운으로써 체험할 수 있는 존재라는 자각이었습니다.

이런 시천주의 자각은 당연히 '인간의 재발견'과 새로운 문화에서의 생명의 원리로 이어질 수 있습니다. 이 부분에 대해 김지하 시인은 놀라운 영감과 통찰력으로써 잘 표현하고 있습니다.

> 모신다는 것, 이것이 바로 인간 삶의 원초적 비밀이요, 삼라만상 창

조와 진화의 깊은 비밀이며, 지금도 삼라만상 전체 속에서 개별적으로 다양하게 진행되는 빅뱅, 폭발하며 진화하는 우주 생명, 즉 기 또는 신기(神氣), 지기(至氣)의 구체적 생존 비밀인 것입니다. 인간만이 아니라 생물, 무기물, 기계, 도구와 인간이 만든 모든 문화 구조물들, 생각과 감정과 사상 등 일체 삼라만상과 사태가 모두 바로 이 우주 삼 법칙의 생성을 모신 것입니다.[1]

김지하는 인간은 자기 안에 무궁무궁하고 신령한 우주 생명의 끝없는 생성을 모신 삶이라고 합니다. 그는 또 '내유신령', '외유기화', '각지불이'는 인간을 넘어서 보편적인 생명의 원리일 수 있다고 합니다.

여기에 동학의 동학됨이 존재합니다. 모든 사람이 자기 안에 하늘님을 모시고 있다는 시천주는 이제 나의 몸이 하늘님을 모신 거룩한 성소(聖所)라는 인식과 함께, 다른 모든 사람도 하늘님을 모신 신령하고 거룩한 존재라는 인식을 낳았습니다. 이런 몸의 중시와 시천주의 인식 확대는 인간 개체에 대한 중시로 발전하여 개인 하나하나가 상하귀천에 관계 없이 모두 하늘님을 모신 거룩하고 평등한 존재라고 인식되었습니다. 그래서 수운 선생은 득도 후 곧바로 몸종 둘을 해방시켜 한 사람은 수양딸로 한 사람은 며느리로 맞아들였습니다. 이것이 이후 해월에 가서 '사인여천(事人如天: 사람을 하늘님처럼 섬기라)'의 정신으로 구체화되었고, 이것이 다시 동학

1 김지하, 『생명학1』, 174쪽.

농민혁명의 등불로 타올랐던 것입니다.

수운 선생의 인간 이해의 출발점은 '하늘님을 모신 존재'입니다. 인간은 누구나 하늘님을 모신 거룩한 존재입니다. 특히 멸시받던 상놈과 구박받던 며느리도 콧물 줄줄 흘리는 아이들도 우주의 거룩한 중심적 주체입니다. 이 주체들은 독립적인 중심이면서도 모든 우주 생명과 연결되어 있습니다. 이 주체는 바깥의 초월적 중심을 향해 있는 것이 아니라, 각각 독립적인 자기의 중심을 향해 있습니다. 그리고 그것은 전체 생명의 네트워크와 연결되어 있습니다. 그러므로 이 주체는 개체성을 포기한 전체성으로의 복속이 아닙니다. 이 중심은 자율적이며 자존적이면서도 모든 존재와 소통할 수 있는 윤리적 주체이기도 합니다. 하나하나가 우주의 중심이면서 근원적 존재와 연결되어 있습니다. 이렇게 한 개체로서 거룩하고 신령하면서도 전체와 기화 상통하고 있다는 것이 오늘날 큰 문제가 되고 있는 인간의 근원적 불안과 소외를 극복하게 하고 생명의 근원적 중심에 동참하게 합니다. 이 중심은 자기 안에 있는 에고(ego)를 가리키는 것이 아니라, 내 안에 모셔져 있는 하늘님을 가리킵니다. '나'라는 이기적인 욕망의 주체를 위하는 마음에서 더 근원적인 마음으로 향하게 될 때 인간은 새롭게 변화된다고 본 것입니다.

수운 선생이 추구하는 이상적 인간상은 일차적으로 시천주를 자각한 사람입니다. 자기 몸에 하늘님을 모시고 있다는 것, 즉 입도하여 하늘님을 위하는 글인 주문을 통해 강령이 되고, 이 체험을 통해 내유신령과 외유기화를 확실하게 체험한 사람입니다. 그래서 해월 선생도 "안으로 강화의 가르침이 있다는 것과, 밖으로 접령하는 기운이 있다는 것을 확실하게 투득해야 덕을 세울 수 있다"고 했습니다. 하늘의 영기를 체험하는 시천주의 강령 체험을 해야 비로소 하늘님의 현존을 믿게 되고, 지금까지의 '각자위심(各自爲心)'에서 벗어나 '경외지심(敬畏之心)'이 생기고, 나아가 본래의 하늘 마음을 회복하게 됩니다. 그러므로 시천주 체험은 단순히 기운 체험으로 끝나는 것이 아니라, 내적 정화와 인격적 변화를 동반합니다. 기화 체험을 통해 몸의 기운이 맑아지고 마음도 신령해집니다. 이런 신령스러운 마음과 기운이 접한 상태를 '기화지신(氣化之神)'[2]이라고 하는데, 이렇게 신령스러운 존재로의 변화, 그래서 항상 하늘님의 마음에서 떠나지 않고, 지기의 전체 생명과 기화 상통하면서 사는 인간이 일차적으로 수운 선생이 생각한 현인군자라고 할 수 있습니다.

2) 하늘과 땅과 사람 –천지인 삼재론

수운 선생의 인간에 대한 이해는 기본적으로 동양 전통의 삼재론(三才論)을 따르고 있는 것으로 보입니다. 그런데 천지에 대한 개념이 이전과 다르고, 또 그 천지가 사람 안에 모셔져 있다고 하기에 전통적인 삼재론과는 약간 다릅니다.

> 음과 양이 서로 고루어 비록 백천만물이 그 속에서 화해 나지마는

2 『동경대전』, 「논학문」.

오직 사람이 가장 신령한 것이니라. 그러므로 삼재의 이치를 정하고 오행의 수를 내었으니 오행이란 것은 무엇인가. 하늘은 오행의 벼리가 되고 땅은 오행의 바탕이 되고 사람은 오행의 기운이 되었으니, 천 · 지 · 인 삼재의 수를 여기에서 볼 수 있느니라.[3]

하늘이 오행의 벼리라는 것은, 우주의 물질과 생명의 모든 전체 구성의 벼리이자, 이치이자 대강(大綱)이라는 것입니다. 저 푸른 하늘이 아니라 물질과 생명의 모든 생활 양식들, 모든 사태의 원칙과 이치와 벼리라는 것입니다. 땅이 오행의 바탕이라는 것은 지구 땅만을 의미하는 것이 아니라 모든 물질, 모든 생명의 생활 양식 전체의 바탕을 가리키는 것입니다. 우주 전체를 구성하는 보이지 않는 질서인 하늘이 눈에 보이는 물질적 근거로서 드러난 것이 땅입니다.[4] 그 속에서 사람은 진화의 최종착지, 진화의 마지막에 핀 가장 영성적인 꽃입니다. 이돈화는 『신인철학(新人哲學)』에서 인간을 다음과 같이 규정합니다.

우주의 본원은 생명력의 일원(一元)으로 되었으며, 현상계의 만유는 이 생명의 진화로 된 것이다. 따라서 물질 현상과 정신 현상은 근본에서 둘이 아니요, 유일한 생명력이 향하적(向下的) 상태에서 물질

---

3 같은 글, "陰陽相均, 雖百千萬物, 化出於其中, 獨惟人最靈者也. 故定三才之理, 出五行之數, 五行者何也, 天爲五行之綱, 地爲五行之質, 人爲五行之氣, 天地人三才之數, 於斯可見矣."

4 김지하, 『생명학1』, 145-146쪽.

> 로 표현되고 향상적(向上的) 상태에서 의식으로 표현된 것인데, 이 의식 상태는 인간격에 와서 가장 잘 구체적 현상을 가진 점에서 인간은 우주의 중심이며 만유의 영장이 되었다.

'인간격'이란 용어는 진화의 과정에서 마침내 '인간 현상'이 나타난 '인류의 단계'란 의미입니다. 인간은 최초의 지기(至氣)의 생명력이 자체 진화를 거쳐 도달된 최종격이란 의미입니다. 테야르 드 샤르뎅(Pierre Teihard de Chardin, 1881-1955)도 『인간 현상』이라는 책에서 이와 매우 유사한 이야기를 전개하고 있습니다.[5] 인간은 진화의 결과이면서도 동시에 자기 안에 하늘과 땅을 모시고 다시 새로운 하늘과 땅을 창조해 나가는, 즉 새로운 진화의 창조적 주체입니다. 사람이 꿈을 꾸면 하늘과 땅은 그것을 실현해 줍니다. 사람은 천지를 파괴할 수도 있고, 천지를 새롭게 창조해 갈 수도 있습니다. 이것이 동학의 삼재론입니다. 앞 절에서 언급한 무위이화의 '자연한 이치'를 깨달아 천지와 더불어 자각적·능동적·창조적으로 동사(同事)·동역(同役)할 수 있는 존재가 바로 '사람'입니다.

이를 수운 선생은 '지상신선'이라는 용어로 비유적으로 표현하기도 합니다. 선생은 "입도한 세상 사람 그날부터 군자되어 무위이화 될 것이니 지상신선 네 아니냐"[6]라고 하여 시천주 주문 13자만 지극하게 하면 모든 사람이 지상신선으로 거듭날 수 있다고 했습니다.

---

5 테야르 드 샤르뎅 지음, 양명수 옮김, 『인간 현상』, 한길사, 1997 참조.

6 『용담유사』, 「교훈가」.

수행을 통해 새로운 인격으로 거듭날 수 있다는 것이 도교의 신선사상입니다만, 여기서의 '지상신선'은 도교적 '신선'이라기보다는 수운 선생이 생각하는 이상적 인간상에 대한 비유적 표현으로서 사용된 것입니다.

선생은 지상신선이 집단적으로 봄에 꽃이 피듯이 그렇게 올 것이라고 보고 있습니다.

> 지난해 서북에서 영우가 찾더니 뒤에야 알았노라 우리 집 이날 기약을.
>
> 봄 오는 소식 응당 알 수 있나니, 지상신선 소식 가까워 오네.[7]

> 안타까이 봄 소식을 기다려도 봄빛은 마침내 오지를 않네.
>
> 봄빛을 좋아하지 않음이 아니나 오지 아니하면 때가 아닌 탓이지.
>
> 비로소 올 만한 절기가 이르고 보면 기다리지 아니해도 자연히 오네.
>
> 봄바람이 불어 간밤에 일만 나무 일시에 알아차리네.
>
> 하루에 한 송이 꽃이 피고 이틀에 두 송이 꽃이 피네.
>
> 삼백 예순 날이 되면 삼백 예순 송이가 피네.
>
> 한 가지에 모두 꽃이 되면 온 천지가 모두 봄일세.[8]

---

7 『동경대전』, 「결」.

8 『동경대전』, 「시문」.

때가 되면 기다리지 않아도 봄이 오듯이 언젠가 많은 사람이 시천주를 자각하고 무위이화의 자연한 이치를 알게 되면 자기 안에서 새로운 하늘과 땅을 실현하는 지상신선이 될 것이라고 합니다. "하루에 한 송이 꽃이 피고 이틀에 두 송이 꽃이 피네. 삼백 예순 날이 되면 삼백 예순 송이가 피네." 여기서 꽃은 인간 의식의 완전한 개화, 즉 지상신선이 된 것을 상징합니다.

지금의 인간이 지기(至氣)의 생명이 자기를 실현해 나가는 가운데 드러난 최종 모습이라면 여기서 끝이 아니라 더 진화될 수 있습니다. 이 진화는 집단적으로 일어나 새로운 '격'을 형성할 것입니다. 어쩌면 수운 선생의 '개벽의 꿈'은 지금까지 한두 사람의 성인이 나던 시대를 지나 모든 사람이 근본을 깨달아 성인이 될 수 있는 시대, 깨달음을 통한 집단적 의식의 진화, '집단 지성'을 넘어 '집단 영성', '대중 영성'의 시대를 예고하고 있는 것인지도 모르겠습니다.

동학이 꿈꾸는 '세상'은 모든 사람이 하늘님으로 존중받는 세상입니다. 그런데 그런 세상이 되기 위해서는 먼저 자신의 내면에서 하늘님을 발견하고, 나아가 자신이 하늘이 되어야 할 것입니다. '모든 사람이 하늘'이 되는 세상을 꿈꾼 것, 그 불가능해 보이는 꿈을 꾼 것이 동학일지도 모르겠습니다.

3) 조화로운 인격과 깨달음

깨달음은 순간적이고 비약적으로 옵니다. 점진적인 것이 아닙니다. 조금씩 발전하는 것이 아니라 도약하는 것입니다. 도약이라고 해서 아무런 노력과 인고의 시간이 필요없다는 뜻은 아닙니다. 봄 매화가 하루아침에 피어나지만 긴 겨울 매서운 서리를 견뎌낸 결과입니다. 그래서 드러나지 않는 길고 지루한 단련의 과정이 필요합니다. 그리고 한 번 도약했다고 다 성취되는 것이 아닙니다. 적어도 두 번 내지 세 번의 도약이 필요합니다. 수운 선생은 그 과정을 시·정·지(侍定知)의 세 차원에서 설하고 있습니다.

본주문 13자(시천주 조화정 영세불망 만사지)는 하나의 도약, 즉 수행을 통한 인격적 변화의 세 차원을 보여 준다고 해석할 수 있습니다. 하늘 모심을 깨닫는 것에서부터 하늘의 덕에 마음이 합일되어서 마음이 굳건히 정해지는 단계, 그리고 만사를 깨닫는 데까지 이르는 차원입니다.

내 안의 하늘님을 발견하는 시천주의 놀라운 신비를 체득하는 것도 엄청난 감격이지만 그것이 도달해야 할 전부가 아닙니다. 그 다음은 조화정의 단계입니다. 수운 선생은 주문 풀이에서 조화정의 '조화'를 '무위이화'로, '정'을 '그 덕에 합해 그 마음에 정해지는 것'이라고 풀고 있습니다.[9] 조화(造化)는 하늘이 만물을 만들어 화생시키는 것을 말합니다. 그렇지만 창조주가 있어 모든 것을 만들고 주재하는 것이 아니라 '무위이화'의 이치에 의해 만물을 표현하는 것이기에 '조화를 무위이화'라고 한 것입니다. '정'은 하늘의 이치와 그 덕에 따르겠다고 굳건하게 마음을 정한 것을 의미합니다. 세속적인 관심에서 궁극적 관심(ultimate concern)으로 마음이 정

---

9 『동경대전』, 「논학문」, "造化者, 無爲而化也. 定者, 合其德定其心也."

해져 더 이상 어떤 것도 그의 마음을 바꿀 수 없는 굳건한 상태, 맹자의 부동심(不動心), 삶이 온전히 천명과 천덕에 합해진 것을 말합니다.

그러나 이것으로 완성이 아니고, 더 나아가 '만사지(萬事知)'에까지 이르러야 이상적 인간상에 도달했다고 할 수 있습니다. 만사지에 이르려면 평생토록 잊지 않는 영세불망(永世不忘)의 끊임없는 수행이 필요합니다.

> '영세'라는 것은 사람의 평생이요. '불망'이라는 것은 생각을 보존한다는 뜻이요, '만사'라는 것은 수가 많은 것이요. '지'라는 것은 그 도를 알아서 그 지혜를 받는 것이니라. 그러므로 그 덕을 밝고 밝게 하여 늘 생각하며 잊지 아니하면 지기에 지극히 화하여 지극한 성인에 이르느니라.[10]

'시천주 조화정'은 이제 '영세불망 만사지'로 이어집니다. 하늘의 덕에 합해 마음이 굳건해진 조화정에 이르러 오랜 기간 영세불망으로 그 마음을 지키게 되면, 천도의 진리를 완전히 체득하는 만사지가 된다는 의미입니다. 수운 선생은 '지' 자를 '그 도를 알아서 그 지혜를 받는 것[知其道而受其知]'이라고 해석했습니다. 무위이화의 천도의 이치를 알게 되고 마음이 욕망과 세속사에서 멀어지면서

---

10 같은 글, "永世者, 人之平生也. 不忘者, 存想之意也. 萬事者, 數之多也. 知者, 知其道而受其知也. 故明明其德, 念念不忘, 則至化至氣, 至於至聖."

맑고 고요해져서 하늘의 지혜를 받을 수 있는 마음 상태, 즉 천인 합일의 상태가 된 것을 말합니다. 그냥 머리로 알아진 지식이 아니라, 마음과 기운이 지기(至氣)와 하나로 화해짐으로써 거기서 나오는 모든 마음씀과 행위가 이치에 맞아 만사가 저절로 형통하고 신통한 경지입니다.

수운 선생은 '영세불망'의 반복된 주문 수련을 통해 이런 경지에 이른 사람을 비유적으로 지상신선이라 한 것입니다. 결국 수운 선생이 추구한 이상적 인간상은 주문 열세 자에 모두 담겨 있으며, 그래서 이 열세 자만 지극히 외워도 성인이 될 수 있다고 한 것입니다.

4) 시천주와 인내천

대부분의 사람은 동학이라고 하면 보통 '인내천(人乃天)'을 떠올립니다. 하지만 지금까지 살펴보았듯이 수운 선생의 핵심 가르침은 '시천주'였습니다. 그렇다면 시천주의 '하늘을 모신 인간'과 인내천의 '사람이 하늘이다'라는 가르침을 어떻게 이해해야 할까요. 언뜻 보면 다른 이야기 같습니다.

역사적으로 보면 '인내천'은 동학의 3대 교조인 의암 손병희(義菴 孫秉熙, 1861-1922) 선생이 동학을 천도교로 개편하면서 대표적인 종지로서 내세운 것입니다. 이전에는 '인내천'이라는 용어를 직접 쓰지 않았습니다. 물론 비슷한 표현은 해월 선생 때부터 '심즉천(心卽天)', '인시천(人是天)' 등으로 나옵니다. 해월 선생이 '인시천'을 얘기하는 맥락은 '사람이 하늘이니 사람 섬기기를 하늘같이 하라[事人如天]'의 인간의 평등성과 존엄함의 자각, 그에 바탕한 섬김이라는 실천적 맥락에서 나옵니다. 그러던 것이 의암 선생에 와서 동학·천도교를 대표하는 용어로 등장하게 된 것입니다.

의암 선생은 일본에서 신문명을 접하며 몇 년 머물다 1905년 12월에 동학을 천도교로 개편하면서 동학을 근대적인 종단으로 변모시킵니다. 그 과정에서 근대적인 종교 교단으로서 교리의 체계화·합리화 작업을 하게 되고, 이에 더 부합하는 것이 '시천주'보다는 '인내천'이었던 겁니다. 인내천은 곧바로 근대적 평등 개념과 연결될 수 있었던 반면에 시천주는 다소 신비주의적 요소가 있는 게 사실이니까요.

그런데 이것을 근대화의 과정, 시대적 요구의 차원에서만 볼 수는 없습니다. 시천주의 하늘님 모심을 깊이 체험하고 실천해 나가다 보면 어느 순간은 하늘과 내가 둘이 아닌 경지에 도달할 수 있다고 봅니다. 그러므로 인내천은 시천주의 이론내재적 성숙이라는 측면에서도 해석할 수 있습니다. 수도가 깊어지면 모심[侍]의 신앙보다는 자연히 주체적인 자각과 합일을 강조하는 쪽으로 나갈 수밖에 없기 때문입니다. 하늘과 나와의 관계에서 모시는 차원이 있고, 또 합일의 차원이 있고, 또 내가 주체가 되고 하늘이 따라오는 관계도 있습니다. 의암 선생은 그래서 항상 하늘과 나의 주객 분별을 해야 한다고 강조합니다.

> 무릇 천지만물이 주객의 형세가 없지 아니 하니, 하늘을 주체로 보면 나는 객이 되고 나를 주체로 보면 하늘이 객이 되니, 이를 분별치

> 못하면 이치도 아니요 도도 아니니라. 그러므로 주객의 위치를 두 방향으로 지정하노라. 사람의 권능이 하늘을 이기면 하늘이 사람의 명령 아래 있고, 하늘의 권능이 사람을 이기면 사람이 하늘의 명령 아래 있나니, 이 두 가지는 다만 권능의 균형에 있느니라.[11]

아이일 때 부모와의 관계와, 어른이 되었을 때 부모와의 관계가 달라져야 하듯이 주객의 위치가 항상 한 방향일 수 없습니다. 이것을 잘 분별해야 신앙을 통한 겸허한 인격과 또 그것을 넘어서서 어디에도 걸림이 없는 자유자재한 인격이 될 수 있습니다.

그래서 인내천만 강조해도 문제가 생깁니다. 인내천만 강조하다 보면 자칫 하늘님에 대한 모심의 신앙도 필요없고, 심지어 하늘님이라는 존재마저 부정하여, 인내천을 해석하기를 '내가 바로 하늘이니 나 외에 따로 하늘님이 없다'라는 무신론으로 가버릴 수 있습니다. 확실히 인내천은 시천주의 결론입니다. 하지만 과정이 생략된 결론을 이념적으로만 받아들이게 되면 생명력을 잃게 됩니다. 더 나은 인격으로의 변화는 단지 머리로 이념을 받아들임으로써 가능한 것이 아니라 오랫동안 단련을 통해 가능합니다. '수련(修煉)'의 닦고 단련한다는 것이 그것을 의미합니다. 그래서 '영세불망'의 단련 과정이 필요한 것입니다.

반대로 시천주만 있고 인내천의 차원을 말하지 않는다면 온전한 도가 못됩니다. 신앙의 차원에서 깨달음의 차원으로 나아가야 합니

---

11 손병희, 『무체법경』, 「성심신 삼단」.

다. 종속적이고 수직적인 위계 관계에서 벗어나 자기가 주체가 되면서도 하늘을 공경하는 차원을 열어야 합니다. 나아가 개인의 자아 관념에서 벗어나 우주적인 마음으로 확장되고 깊어지고 신령해진 인격으로 변화되어야 합니다. 그래서 수운 선생도 시천주 단계에만 머물지 않고, 조화정과 만사지를 언급했으며, '오심즉여심(吾心卽汝心)'의 차원, '무궁한 이 울 속에 무궁한 나'의 자각을 노래했던 것입니다. 그러므로 시천주 없는 인내천은 알맹이 없는 껍데기에 불과하고, 인내천 없는 시천주는 열매 맺지 못한 나무와 같습니다.

4

마음과 기운, 그리고 수도

1) 수심정기(守心正氣)

'수심정기'는 수운 선생이 유학에 대해 새롭게 내놓은 동학의 수도법이자 수도의 원리라고 할 수 있습니다.[1] 수운 선생은 말로는 삼강오륜과 인의예지를 부르짖으면서도 현실의 삶에서는 전혀 도와 덕이 시행되지 않는 것을 보고 그것보다 우선하는, 그것이 실천될 수 있는 좀 더 근본적인 마음의 바탕을 확보하는 공부가 필요하다고 보았습니다. 그래서 "인의예지는 옛 성인의 가르친 바요, 수심정기는 내가 다시 정한 것이니라."[2]라고 하여 수심정기의 공부법을 내놓게 되었습니다.

수심(守心)은 습관된 마음, 이전의 하늘로부터 본래 받은 마음을

---

1 '修心正氣'와 '守心正氣'의 용어 문제에 대해서는 다음을 보라. 졸고, 「동학의 수양론: 수심정기를 중심으로」, 『도교문화연구』, 제22집, 2005. 4.

2 『동경대전』, 「수덕문」, "仁義禮智, 先聖之所敎, 修心正氣 惟我之更定."

회복하고 그 마음을 지켜 나가는 것을 의미합니다. 정기(正氣)란 몸의 기운을 조화롭게 바로잡는 것을 말합니다. 마음으로 아무리 욕망을 조절하려 해도 몸의 기운이 바르지 못하고 힘이 갖춰 있지 않으면 지속적인 실천력을 갖기 어렵습니다. 그러므로 마음 공부만으로는 실지를 거두기가 어렵고 몸 공부, 기운 공부가 필요합니다. 이처럼 마음 공부와 함께 기운 공부를 같이 중시함으로써 실제적인 몸과 마음의 변화를 추구하고자 한 것이 수심정기의 공부법입니다.

수심정기 공부는 또한 마음과 기운의 관계를 바르게 알고 그것을 활용하고자 하는 공부입니다. 동학에서 '마음'이란 몸이 있고 나서 생긴 의식 현상을 가리킵니다. 그러므로 태어날 때 저 세상에서 들어와 죽을 때 다시 저 세상으로 가는 그런 영혼과 같은 자아의 실체는 아닙니다. 하나의 현상입니다. 후천적으로 형성된 의식 현상일 뿐입니다. 그러나 수도(修道)의 차원에서 이 마음은 매우 중요합니다. 처음 어린아이의 마음은 백지처럼 맑고 투명하지만 성장하면서 여러 상태로 물이 듭니다. 탁해지기도 하고, 밝거나 어두워지기도 하며, 따뜻하기도 하고 차기도 하며, 편안하거나 불안하기도 하며, 상처를 받아 억압되기도 하고, 이런저런 감정에 물들기도 하며, 강해지지도 하고 약해지기도 합니다. 그래서 마음의 상태를 늘 살펴서 본래의 맑고 밝고 온화하고 편안하여, 어떤 상처, 원망, 미움과 시기, 질투, 불안도 없는 원만하고 조화로운 상태가 되는 것이 매우 중요합니다. 또 관심도에 따라 마음이 주로 작용하는 방향이 생기게 됩니다. 마음의 방향을 어디에 두느냐에 따라 삶의 내용이 결정되므로 마음 머리를 어디에 두느냐는 수도에서 매우 중요한 관건입니다.

'마음이 어떤 상태냐' 하는 것이 마음의 수평적 차원이라면, '마음이 어떤 것을 추구하느냐', '어떤 차원에 주로 있느냐'는 깊이와 관련된 수직적 차원이라고 볼 수 있을 것 같습니다. 또 마음을 모아서 심력이 생기게 하는 것은 마음 공부의 또 다른 중요한 부분입니다. '마음을 어떻게 쓰느냐'에 따라 공부의 결과는 달라질 수밖에 없습니다. 그렇다면 마음을 어떻게 써야 하는지, 어디에 마음을 둬야 하는지, 그리고 현재 상처받고 뒤틀리고 어둡고 원만하지 못한 마음을 어떻게 치유하고 변화시킬 수 있는지, 또 어떻게 마음의 힘과 지혜를 얻을 수 있는지가 수도의 관건이라고 하겠습니다.

그런데 이런 마음도 결국 기운과 관련이 있습니다. 마음이 우리 몸에서 작용하는 주체라면, 그것을 작용하게 하는 것은 기운입니다. 기운은 몸과 마음의 사이에서 작용하는 물리적 · 생리적 · 심리적 에너지입니다. 그리고 이 기운도 몸에 작용할 때는 청탁과 명암과 강약과 냉온 등의 일정한 상태가 있어 이것이 그 사람의 심리적 상태와 몸에서 풍기는 전반적인 에너지를 형성하게 합니다. 그러므로 몸에 더 직접적으로 작용하는 것은 기운입니다. 따라서 마음의 변화만으로 바로 몸이 바뀌지 않고 기운이 바뀌어야 몸이 바뀌고 실제의 변화가 생깁니다. 그래서 동학 수도의 초기에는 기운 공부를 위주로 하는 경향이 있습니다.

동학 수도법에서는 마음을 기운과 항상 같이 언급하며, 이 마음과 기운의 관계, 그 메커니즘에 주목합니다. 마음이 주체가 되어 기운이 작용하는 것과, 기운의 변화에 따라 마음이 따라오기도 하는 것을 잘 살펴야 합니다. 내 마음의 간절한 기도와 정성에 하늘의 기운이 감응하기도 하지만 때로는 기운에 의해 나의 마음이 변화되기도 합니다. 마음이 주가 되면 기운은 객이 되고, 기운이 주가 되면 마음이 객이 됩니다.

그렇다면 수심정기가 의미하는 것은 구체적으로 어떤 상태일까요. 이에 대해 수운 선생은 명시적으로 밝히고 있지는 않습니다만 해월 선생은 이에 대해 다음과 같은 언급을 남기고 있습니다.

> 사람이 능히 그 마음의 근원을 맑게 하고 그 기운 바다를 깨끗이 하면 만진(萬塵)이 더럽히지 않고, 욕념이 생기지 아니하면 천지의 정신이 전부 한 몸 안에 돌아오는 것이니라. 마음이 맑고 밝지 못하면 그 사람이 우매하고, 마음에 티끌이 없으면 그 사람이 현철하느니라.[3]

첫째, 수심정기는 그 마음을 맑게 하고 기운을 깨끗이 하는 공부라는 점을 밝히고 있습니다. 마음의 티끌을 제거하면 자연히 맑고 밝아지며 현철해진다는 것입니다.

둘째, 마음이 화하고 기운이 화한 상태, 즉 '심화기화(心和氣和)'가 되어서 마음과 기운이 평정하고 온화한 상태를 가리킵니다. 해월 선생은 "성품이 중심에 이르면 백체가 자연히 편안하다"라고 하여, 수련을 통해 마음과 기운이 하늘의 기운과 화해지면 자연히 심화기화[4]가 되어서 몸과 마음이 편안하고 한가로우며 평정한 상태가

3 『해월신사법설』, 「수심정기」.

된다고 합니다. 마음이 온화해지면 자연 마음이 기쁘고 즐거운 상태가 됩니다. 해월 선생은 "마음이 기쁘고 즐겁지 않으면 하늘이 감응치 아니하고, 마음이 언제나 기쁘고 즐거워야 하늘이 언제나 감응하느니라."라고 했습니다. 오늘날 많은 사람이 정신적 스트레스와 우울증에 빠져 있습니다. 그러나 수심정기가 되어 마음이 화하고 기운이 화해지면 저절로 마음이 밝아지고 기쁨을 회복할 수 있다는 것입니다.

셋째, 항상 깨어서 집중되어 있는 상태를 말합니다. 그냥 마음만 맑고 편안한 상태가 아니라 항상 깨어서 마음을 잃지 않게끔 지금 여기에 집중해 있는 상태를 말합니다.

> 그대들은 수심정기를 아는가. 능히 수심정기하는 법을 알면 성인되기가 무엇이 어려울 것인가. 수심정기는 모든 어려운 가운데 제일 어려운 것이니라. 비록 잠잘 때라도 능히 다른 사람이 나고 드는 것을 알고, 능히 다른 사람이 말하고 웃는 것을 들을 수 있어야 가히 수심정기라고 말할 수 있는 것이니라. 수심정기 하는 법은 효 · 제 · 온 · 공이니 이 마음 보호하기를 갓난아이 보호하는 것같이 하며, 늘 조용하여 성내는 마음이 일어나지 않게 하고 늘 깨어 혼미한 마음이 없게 함이 옳으니라.[5]

---

4 『동경대전』, 「제서」, 104쪽. "得難求難, 實是非難, 心和氣和, 以待春和."

5 『해월신사법설』, 「수심정기」.

여기서 수심정기 하는 법을 '효제온공(孝悌溫恭)'이라고 한 것은 자기 마음에 대해 효제온공하라는 것입니다. 부모님에게 효도하고 형제 간에 우애 있게 하고 누구든 따뜻하고 공손하게 대하는 그런 자세로 자기의 마음을 늘 보살펴 그 맑고 밝고 따뜻한 마음을 잃지 않아야 한다는 뜻입니다.

넷째, 신령한 상태를 가리킵니다. 해월 선생은 다음과 같이 말합니다.

> 거울이 티끌에 가리우지 않으면 밝고, 저울에 물건을 더하지 않으면 평하고, 구슬이 진흙에 섞이지 않으면 빛나느니라. 사람의 성령은 하늘의 일월과 같으니, 해가 중천에 이르면 만국이 자연히 밝고, 달이 중천에 이르면 천강이 자연히 빛나고, 성품이 중심에 이르면 백체가 자연히 편안하고, 영기가 중심에 이르면 만사가 자연히 신통한 것이니라.[6]

마음이 맑고 밝고 온화해지는 데 그치지 않고 신령한 상태가 되어야 한다고 합니다. 산도 아름다운 산이 있고 멋있는 산이 있지만, 신령함을 느끼게 하는 산도 있습니다. 깊이가 다르지요. 마음이 맑아지고 밝아지고 고요해지는 단계를 지나 수련이 지극해지면 자연히 지혜가 나온다고 합니다. 만사가 저절로 알아지고 신통해진다는 것입니다. 이 지혜가 바로 '내유강화지교(內有降話之教)'이며, 하

---

6 같은 글.

늘님의 가르침이라고 할 수 있습니다. 그래서 해월 선생은 "사람은 마음에 하늘님의 가르침을 얻은 뒤에라야 뜻과 생각이 신령한 것이니라."고 했고, "수심정기가 되면 저절로 천지의 정신과 하나가 된다."고 했습니다.

수심정기의 공부법은 유학의 수양론에 대한 하나의 보완으로 마음과 기운 공부를 병행함으로써 좀 더 실제적인 인격의 변화와 구체적인 실천력을 가지게 하기 위한 것입니다. 그 과정에서 마음과 기운에 대해 정확하게 이해하고 그 상태를 조화롭게 변화시킬 뿐 아니라 마음이 주체가 되어 기운의 감응을 받기도 하고, 반대로 기운의 변화를 통해 심신을 다스리고 천심을 회복하는 공부를 하기도 합니다. 또한 수심정기의 상태는 마음에 맺히고 억압받고 상처받은 것이 다 풀리고 정화되어 원만한 인격으로 변화된 상태입니다. 그래서 항상 맑고 밝고 온화하고 평정하며, 마음이 깊고 신령한 상태가 되어, 고요한 가운데 하늘의 지혜를 받고 묵묵한 가운데 마음 머리가 항상 '궁극적 관심'에 있는 상태, 그러면서도 혼미하지 않고 깨어서 집중되어 마음의 힘, 도덕적 의지로 가득한 상태를 가리킵니다.

요컨대 수운 선생의 마음 공부는 하늘을 비롯한 모든 존재와 소통하는 마음의 감수성, 감응성, 활용성을 강조하고 있습니다. 늘 깨어서 집중된 마음의 힘과 마음의 고요함과 깊은 내면에서 나오는 하늘의 지혜를 통해 만사에 응하게 함으로써 하늘과 그 덕을 합하고 그 조화에 참여할 수 있는 이상적 인격의 실현 방법을 역설하고 있는 것입니다.

2) 주문(呪文)과 영부(靈符)

수심정기가 동학 수도의 원리이자, 마음과 기운이 항상 머물러 있어야 할 이상적 상태라면, 주문 공부는 그런 상태에 도달하고 유지하기 위한 수도의 구체적인 방법이라고 할 수 있습니다. 동학의 주문은 수운 선생이 하늘로부터 받은 21자의 하늘글입니다. 주문은 단순히 주술적인 효과를 바라는 기원의 도구가 아니라, 수심정기를 하기 위한 구체적인 수도의 도구입니다. 수운 선생은 "열세 자 지극하면 만 권 시서 무엇하며 심학이라 하였으니 불망기의 하였어라" 라고 하여 주문만 열심히 외워도 누구나 현인군자가 될 수 있다고 했습니다. 또한 해월 선생도 "주문 삼칠자(三七字)는 대우주 · 대정신 · 대생명을 그려낸 천서(天書)"라고 했고 "시천주 조화정(侍天主造化定)은 만물 화생의 근본을, 영세불망 만사지(永世不忘萬事知)는 사람이 먹고 사는 녹의 원천을 밝힌 것"[7]이라고 의미를 부여했습니다. 또 이돈화는 주문을 "내유신령의 도리를 찾아 몸에 기화의 힘(力)을 얻음으로써 천주(天主)를 섬기는 방법"[8]이라고 했습니다.

동학의 주문은 하늘님을 생각마다 잊지 않음[念念不忘]으로써 마음이 항상 비본질적인 데 빠져 있지 않고 늘 궁극적 진리이자 생명인 하늘님께 향하게 하는 마음의 주의집중법이며, 수심정기하는 구체적인 공부법입니다. 그래서 수운 선생은 주문 21자를 풀이한 후

7 『해월신사법설』, 「영부주문」.

8 이돈화, 『水雲心法講義』, 天道教中央宗理院, 1926, 39쪽.

"그 덕을 밝고 밝게 하여 늘 생각하며 잊지 아니하면 지극히 지기에 화하여 지극한 성인에 이르느니라."[9]라고 했습니다. 동학 주문은 동학의 핵심을 압축적으로 드러낼 뿐만 아니라, 그 자체가 중요한 수도법인 것입니다.

일반적으로 주문 수련은 기존의 전문가 위주의 수행에 비해 근기(根氣)가 낮은 일반인들을 위한 대중적인 수련법으로 알려져 있습니다. 그런데 대중적이라 해서 깊은 체험을 할 수 없는 것은 아닙니다. 일반인들이 깊은 체험을 하기 힘든 것은 간이한 수행법을 택해서라기보다는 큰 목적을 세워서 그 한 생각에 매진하기가 어렵기 때문입니다. 생활하면서 한 생각에 매진하기 어렵기 때문에 방편으로 사용하는 것이 바로 주문입니다.

간단한 음절의 주문을 계속 반복하여 외우다 보면 자연스럽게 정신 집중이 됩니다. 모든 수련의 관건의 하나는 '마음의 정화'이고 하나는 '정신 집중'이라고 할 수 있습니다. 정신이 집중되어야 수행이 깊어질 수 있습니다. 정신을 집중시키는 데 여러 가지 좋은 명상 수련법이 많지만 그 중에 하나가 주문이나 염불을 통한 방법입니다. 간단한 몇 구절을 반복적으로 외우게 되면 정신이 집중되어 또렷해지게 됩니다. 평소 복잡하고 산만했던 뇌파가 그 소리가 내는 단일한 주파수대로 수렴하게 되므로 뇌파를 안정시켜 줍니다. 그래서 자연히 복잡했던 마음이 편안해지는 효과가 있게 됩니다. 세파에 찌든 보통 사람들이 주문을 외는 것만으로도 위로를 받고 편안해

9 『동경대전』, 「논학문」.

지는 이유입니다.

또한 주문은 자연스럽게 단전 호흡이 되게 하여 빠른 시간에 기운을 체험하게 합니다. 그냥 단전 호흡만으로 할 때보다 더 빨리 기운 체험을 하게 됩니다. 기운은 심신과 직접 관련된 물리적·생리적·심리적 에너지이므로 기운 체험을 하게 되면 몸과 마음의 변화가 일어납니다. 쉽게 말해 조화롭지 못한 기운이 조화롭게 되면서 자연스러운 치유가 일어납니다. 그래서 주문이나 염불을 위주로 수행하는 단체에서 치유의 효력이 많은 것도 이런 이유입니다.

주문을 반복하면 기운이 모이고 마음이 모여 마음의 힘이 생깁니다. 보통 주문을 염한다고 하는데, 우리가 염력(念力)이라고 하는 것이 바로 마음이 하나에 집중되어 생긴 힘을 말합니다. 마음이 오로지 한 마음으로 수렴되어 일심(一心)이 되면 마음으로 계획한 것을 끝까지 밀고 나가는 힘이 생기게 되므로 만사가 저절로 형통하게 됩니다. 요컨대 주문은 짧은 음절의 반복이 주는 빠른 집중력과 그로 인한 기운의 변화와 마음의 힘이 생겨 실제적인 심신의 변화가 생기게 하는 것이 그 핵심입니다.[10]

---

10 주문은 염불과도 같은 맥락이다. 원효도 대단한 학승이자 수행승이었지만 나중에 정토신앙을 강조하고 '아미타불'의 염불을 강조했다. 이는 삼국통일기의 혼란기에 전쟁의 고통과 상처를 치유하기 위한 대중 구제의 염원 때문이었다. 또한 우리나라 불교의 두 번째 큰 종단으로 성장한 천태종 역시 '관세음보살'이라는 짧은 염불을 위주로 하는 수행함으로써 짧은 기간에 엄청난 성장을 거두었다. 일본의 창가학회와 같은 신흥 불교나 한국의 근대 신종교들도 대부분 주문을 중시한다. 이들은 대부분 대중불교, 민중종교적인 성격을 가지고 있는데, 이전의 엘리트 수행자 중심에서 벗어나 일반 민중을 대상으로 한 간이하면서도 대중적인 수련법을 통해 일상에서 지치고 힘든 보통 사람들에게 빠르게 심신의 효과를 볼 수

짧은 음절의 주문, 혹은 기도문을 반복하는 것이 주는 심리적·육체적 효과에 대해 가장 잘 표현한 글은 19세기 러시아의 한 순례가가 쓴 『예수의 기도』라는 책입니다. 러시아의 한 시골 청년이 '쉬지 말고 기도하라'는 성경 구절의 의미를 알기 위해 순례에 나선 가운데 큰 스승님을 만나 '예수 기도'라는 짧은 기도문을 전해 받습니다. 그때부터 그 청년은 14년을 떠돌아다니며 "주 예수 그리스도여 저에게 자비를 베푸소서."라는 말을 쉬지 않고 외우면서 말할 수 없는 큰 위안을 받고 놀라운 영적 체험을 했다고 합니다.

> 예수의 기도가 가져오는 효과가 세 가지로 곧 영으로, 느낌으로, 계시로 나타나는 것을 주목할 수 있게 되었습니다. 영에 나타나는 것으로는 하느님 사랑의 감미로움, 내적 평화, 정신적 황홀, 순결한 생각, 하느님에 대한 즐거운 회상 등이었습니다. 감정에 나타나는 것으로는 가슴이 유쾌할 정도로 따뜻해지는 것, 팔다리로 퍼지는 감미로운 쾌감, 심장에 기쁨으로 거품이 이는 것, 내적 경쾌함과 생동감, 살아 있음에 대한 기쁨, 병이나 기타 화나게 하는 일에 대해 초연해지는 것, 계시로 나타나는 것은 지성이 밝아지는 것, 성경을 깨닫게 되는 것, 모든 피조물의 언어를 알게 되는 것, 모든 근심 걱정에서 초연하게 되는 것, 내면적이고 영성적인 삶의 감미로운 기쁨, 하느님의 가까운 임재하심과 우리에 대한 그의 사랑을 확신하게 되는 것 등이었습니다.[11]

있게 했던 것이다.

11 오강남 엮어옮김, 『기도: 영적 삶을 풍요롭게 하는 예수의 기도』, 대한기독교서회, 2003, 95-96쪽.

이처럼 대부분의 주문이나 기도문은 신앙의 대상, 또는 소의경전(所依經典)을 외우면서 그 대상에 귀의하는 의미를 담고 있습니다. 그냥 아무런 의미가 없는 짧은 음절을 반복해서 외워도 집중력과 단전 호흡과 같은 효과가 없는 것은 아니지만, 신앙 대상이나 경전에 대한 절대적인 믿음과 간절한 마음을 가지고 반복할 때 마음의 큰 위안을 얻고 신앙심이 깊어지고 놀랄 만한 변화가 생기게 됩니다. 무엇보다도 삶의 자세가 세속적이고 육신적인 데에서 영적이고 생명적인, 즉 진리를 중심으로 마음이 굳건하게 정해지게 됩니다. 천심을 회복하고 기운이 변화되면서 깊은 영성이 생기는 것입니다.

이처럼 주문이나 염불 수행은 다른 수행 명상에 못지않게 좋은 수행법입니다. 특히 일반인들이 생활하는 가운데서 할 수 있는 유력한 수행법입니다. 여기에 더해 동학의 주문이 가진 또 하나의 의미는 바로 의미론적인 측면이 하나 더 들어간다는 것입니다. 서울대 종교학과의 최종성 교수는 다음과 같이 말합니다.

> 주문의 암송이 지닌 발화의 힘을 언급하지 않을 수 없지만, 그보다 주문의 문장론적 의미를 살펴볼 필요가 있다. 왜냐하면 주문은 의미 없는 언어의 조합이라기보다는 초기 동학의 핵심적인 가치와 내용을 정제된 언어의 형태로 압축하고 있는 고민의 산물이기 때문이다.[12]

---

12 최종성, 『동학의 테오프락시』, 민속원, 2009, 153쪽.

주문 자체가 수운 선생의 깨달음을 압축적으로 요약하고 있다는 점입니다. 그래서 그것이 하나의 '화두'의 역할을 합니다. '시천주 조화정 영세불망 만사지'를 반복적으로 외우는 가운데 그 깊은 의미를 저절로 되새기고 깨닫게 하기 때문입니다.

동학의 주문은 '지기금지 원위대강(至氣今至願爲大降—강령주문)'의 8자와 '시천주 조화정 영세불망 만사지(侍天主造化定永世不忘萬事知—본주문)'의 13자로, 총 21자입니다. 강령주문 8자는 "하늘 기운에 이제 접하오니 원컨대 기화되게 하소서."라는 기운 접함을 청하는 뜻입니다.[13] 본주문 13자는 "하늘님 모시니/모셨으니 마음이 정해지고 언제나 잊지 않으니 만사가 형통/신통하네."라는 뜻입니다. 여기서 마음이 정(定)해진다는 것은 하늘님의 덕에 내 마음을 합하고 정한다는 뜻입니다.[14] 이제 육신적인 삶이 아니라 하늘님 중심의 삶으로 전환하겠다고 약속하고 마음을 굳건하게 정하는 것을 의미합니다. 육신에 물든 습관과 티끌에서 벗어나 마음이 천심을 회복하여 수심정기가 된 상태를 의미합니다. 앞 장에서도 언급했던 것처럼 그렇게 수심정기가 되어 정한 마음을 한시라도 잊지 않고 잘 지켜 나가면 어느 순간에 만사가 다 형통하고 만리를 신령하게 다 알게 되는 것을 '만사지'라고 합니다. 머리로 아는 것이 아니라 몸이 물에 적응하면서 자연히 수영이 되는 거와 마찬가지로 온몸이 스스로 그러함을 체득하여 자연한 가운데 만사가 형통하고 신통

13 『동경대전』, 「논학문」, "今至者, 於斯入道, 知其氣接者也. 願爲者, 請祝之意也. 大降者, 氣化之願也."

14 『동경대전』, 「논학문」, "造化者, 無爲而化也. 定者, 合其德定其心也."

한 상태를 말하는 것입니다.

동학의 주문 수련은 크게 두 가지의 방법으로 합니다. 하나는 소리를 내서 하는 현송법과 소리를 내지 않고 하는 묵송법입니다. 현송법으로 할 때는 강령주문 8자와 본주문 13자를 다 같이 합니다. 현송법은 앞에서 말한 기운 공부에 해당된다고 할 수 있습니다. 기운을 바르고 밝고 따뜻하고 조화롭게 하는 공부입니다. 마음에 쌓인 모든 원만하지 못한 감정을 주문에 실어 풀어냄으로써 마음이 정화되는 체험을 하기도 합니다. 그 과정에서 수운 선생이 체험했듯이 하늘의 기운이 내려오는 체험을 하기도 합니다. 이를 통해 온몸이 보이지 않는 기운에 사로잡히며 자기중심주의에 갇혀 있던 좁은 관념의 틀에서 벗어나 전체 생명과 영적 네트워크가 열리는 신비를 체험하기도 합니다. 이런 체험을 한 사람은 무기물을 포함한 모든 생명을 공경하는, 이른바 생태적 감수성이 열려 경천(敬天), 경인(敬人), 경물(敬物)할 수 있는 인격으로 거듭나게 됩니다.

묵송법으로 할 때는 본주문 13자만 합니다. 묵송법은 본성 공부, 또는 성품 공부라고 할 수 있습니다. 마음의 본체와 우주의 근본을 관(觀)하는 공부입니다. 이를 통해 '마음이 하늘'이고 '사람이 하늘'이라는 것을 확실히 깨닫게 되는 것을 말합니다. 이것을 온전히 깨닫고 나면 세상 티끌에 물든 마음에서 벗어나 본래의 청정한 마음을 회복할 수 있다고 합니다. 이는 본래의 비고 고요한 본성(성품)을 회복하는 공부이며, 참 나를 찾는 공부이기도 합니다. 성품의 본성은 본래 생함도 멸함도, 죽고 사는 것도 없는 것입니다. 마음이 비고 고요한 성품 자리에 들어가게 되면 그 어떤 것에도 물들지 않고 모든 것에 걸림이 없는 대자유, 대해탈의 인격에 도달하게 되고 거기서 저절로 참된 지혜가 나온다고 합니다.[15]

이처럼 현송을 통해 몸과 기운 공부를 하며, 묵송을 통해 성품 공부를 겸하고 있는 것이 동학의 수도법입니다. 큰 틀에서는 마음 공부[心學]이긴 하지만, 한쪽 편으로는 기운 공부, 기운을 일으키고 화하게 하는 공부를 하고, 한쪽 편으로는 성품 공부, 즉 마음의 본래 자리, 비고 고요한 본성 자리를 공부함으로써 나의 근본을 깨닫고 '참나'를 깨닫는 공부를 하는 것입니다.

다음으로 '영부(靈符)'에 대해 살펴보겠습니다. 수운 선생은 경신년 하늘님 체험에서 하늘님으로부터 '주문'과 더불어 '영부'를 받습니다. 이것으로써 당시 백성들을 질병에서 건지라고 합니다.

> 나에게 영부 있으니 그 이름은 선약이요 그 형상은 태극이요 또 형상은 궁궁이니, 나의 영부를 받아 사람을 질병에서 건지라.[16]

지금까지 학계에서는 이 영부를 단순히 병을 고치는 부적으로 생각해 온 경향이 있습니다. 그러나 이것을 단순히 부적으로 보면 동학의 핵심을 파악하기 어렵습니다. 영부는 상징입니다. 우주의 약동불식하는 생명(력)의 상징이며, 우주의 마음, 우주적 영의 상징입니다. 그래서 선약이며, 그 형상을 태극, 또 다른 형상을 궁궁이라고

15 『무체법경』「신통고」.

16 『동경대전』,「포덕문」, 19쪽. "吾有靈符, 其名仙藥, 其形太極, 又形弓弓, 受我此符, 濟人疾病."

했습니다. 태극이라 한 것은 우주의 본체를 상징한 것이라는 의미입니다. 그 형상이 궁궁이라는 것은 마음 심(心) 자를 의미합니다. 그것은 우주의 활동 중에 있는 영이자 약동불식하는 근본적 생명력이므로 개인의 질병에서부터 사회적 질병, 나아가 병든 자연계와 신명계, 우주와 문명 전체를 치유할 수 있는 근본적인 처방이라는 것입니다. 그러므로 영부는 단순히 개인의 질병을 고치는 선약에 그치지 않고 병든 문명을 치유하는 선약이기도 합니다. 개인의 몸이 병드는 원인과 사회가 병들고, 문명이 병드는 원인이 근원적으로 하나이기 때문입니다.

병의 치유는 단지 어떤 몸의 한 부분을 고치는 식의 기계론적 사고를 넘어서 몸의 기운 전체의 조화, 마음과 몸의 관계를 살피고, 몸이 가진 자연치유력을 높이는 데서 시작해야 합니다. 나아가 그것이 단지 개체 몸의 차원이 아니라 사회적 몸으로 확대될 수 있다는 자각이 필요합니다. 몸의 문제를 통해 삶의 문제로, 나아가 생명의 실상에 대한 근원적 인식의 전환을 해볼 수 있어야 합니다. 몸을 앎으로써 수행의 길에 들어설 수 있으며, 병의 치유를 깨달음의 차원에서 접근할 수 있어야 한다는 것이 영부의 의미입니다.

수운 선생은 영부를 '가슴 속에 감춰둔 불사의 약[胸藏不死之藥]'[17]이라 했습니다. 동학의 영부는 종이에 형상화된 것에 있는 것이 아닙니다. 영부는 내 마음에 약동하고 있는 하늘님의 영기를 상징하고 그 하늘님의 감응을 받을 수 있는 나 자신의 마음 상태, 즉

17 『동경대전』, 「수덕문」, 50쪽. "胸藏不死之藥, 弓乙其形. 口誦長生之呪, 三七其字."

정성과 공경(誠敬), 나아가 뭇 생명을 하늘님으로 모시는 거룩한 마음의 상태를 회복할 것을 강조하고 있는 것입니다. 그래서 해월은 영부를 곧 마음이라고 하면서 마음을 다스려야 병이 낫는다고 했습니다.

> 경에 말씀하시기를 "나에게 영부(靈符) 있으니 그 이름은 선약이요 그 형상은 태극이요 또 형상은 궁궁이니 나의 이 영부를 받아 사람을 질병에서 건지라" 하셨으니, 궁을의 그 모양은 곧 마음 심 자이니라. 마음이 화하고 기운이 화하면 하늘과 더불어 같이 화하리라. 궁은 바로 천궁이요, 을은 바로 천을이니 궁을은 우리 도의 부도(符圖)요 천지의 형체이니라. 그러므로 성인이 받으시어 천도를 행하시고 창생을 건지시니라. 태극은 현묘한 이치니 환하게 깨치면 이것이 만병통치의 영약이 되는 것이니라. 지금 사람들은 다만 약을 써서 병이 낫는 줄만 알고 마음을 다스리어 병이 낫는 것은 알지 못하니, 마음을 다스리지 아니하고 약을 쓰는 것이 어찌 병을 낫게 하는 이치이랴. 마음을 다스리지 아니하고 약을 먹는 것은 이는 하늘을 믿지 아니하고 약만 믿는 것이니라. 마음으로써 마음을 상하게 하면 마음으로써 병을 나게 하는 것이요, 마음으로써 마음을 다스리면 마음으로써 병을 낫게 하는 것이니라. 이 이치를 만약 밝게 분별치 못하면 후학들이 깨닫기 어렵겠으므로, 논하여 말하니 만약 마음을 다스리어 심화 기화가 되면 냉수라도 약으로써 복용하지 않느니라.[18]

---

18 『해월신사법설』, 「영부 · 주문」, "經曰, '吾有靈符, 其名仙藥, 其形太極, 又形弓弓, 受我此符, 濟人疾病.' 弓乙其形, 卽心字也. 心和氣和與天同和, 弓是天弓, 乙是天

마음을 다스린다는 것은 현재의 마음이 탐욕으로 가득 차 있는지, 분노로 가득 차 있는지, 알 수 없는 두려움과 미래에 대한 불안으로 가득 차 있는지, 전전긍긍하며 눈앞의 이익에만 매달려 그것이 전부라고 집착하고 있는지, 사랑이라고 하면서 사실은 애욕에 물들어 있는지, 자신감이 지나쳐 교만하지 않은지, 예전에 받은 상처와 억압에 의해 피해 의식에 사로잡혀 있지는 않은지 등을 파악하여 이런 일체의 마음에서 벗어나 맑고, 밝고, 따뜻하고, 평정하고, 나아가 신령한 마음을 회복하는 것입니다. 이런 마음을 회복하게 되면 일신의 작은 이익에 안주하지 않고 항상 온화하고 평정한 상태에서 주변을 돌아볼 여유가 생기게 됩니다. 마음을 항상 향기로운 꽃과 탐스러운 열매들로 가득한 천국의 정원처럼 만드는 것을 말하는 것입니다. 해월 선생이 강조하는 양천주(養天主)도 이를 의미하며, 심화기화(心和氣和)도 이런 마음과 기운의 상태를 의미하는 것입니다. 그러므로 마음과 기운이 화한 상태에 이르게 되면, 병은 저절로 무위이화의 기운 작용에 의해 낫게 된다는 것입니다.

야뢰 이돈화는 영부를 '생혼(生魂)' 또는 '창조심'이라고 하여, 하늘의 마음과 수운 선생의 마음이 온전히 합일되어 여합부절(如合符節)된 의미를 취한 것이라 합니다.[19] 이는 원래 하나였던 마음이

乙, 弓乙吾道之符圖也, 天地之形體也, 故聖人受之以行天道以濟蒼生, 太極玄妙之理也. 透得則是爲萬病通治之靈藥矣. 今人但知用藥愈病, 不知治心愈病, 不治心而用藥, 豈有差病之理哉. 不治心而服藥, 是不信天而信藥. 以心傷心, 以心生病, 以心治心, 以心愈病. 此理若不明卞, 後學難曉, 故論而言之, 若治心而心和氣和, 冷水不可以藥服之."

19 이돈화, 『수운심법강의』, 天道教中央宗理院, 1926, 33-35쪽.

인간의 몸으로 태어나면서 둘로 나눠졌던 것을 다시 수운 선생의 자각을 통해 하나로 합쳐졌다는 것을 의미합니다. 하늘님으로부터 영부를 받은 순간 떨어져 있던 두 마음이 하나로 합쳐지면서 신인합일(神人合一)이 되고, 우주적 생명의 네트워크에 접속이 되었다는 것입니다. 이것이 수운 선생의 종교 체험의 의미입니다.

그러므로 영부는 대우주·대생명의 원천으로서 기운을 상징한 것이며, 본래 하나였던 마음, 활동 중에 있는 영, 우주적 생명을 상징한 것입니다. 그러므로 영부의 수련은 단순히 하늘의 기운을 붓으로 종이에 옮기는 것에 있는 것이 아니라, 나에게 들어와 있는 신령한 마음을 돌이켜 회복하고 나의 기운을 우주적 생명의 네트워크에 접속함으로써 자기를 치유하고, 사회를 치유하고, 세상을 치유하는 거룩한 '살림'의 실천 운동에 적극적으로 참여하는 것을 의미합니다.

3) 칼노래와 칼춤

검무(劍舞)는 수운 선생이 남원 은적암에 은거할 때 지기(至氣)의 기운이 왕성함을 금치 못해 목검을 들고 검가(劍歌)[20]를 부르면서 칼춤을 추었다는 데서 처음 나옵니다.[21] 이후 수운 선생이 잡혀 대구감사 서헌순에게 심문을 받을 때도 검무에 대한 이야기가 나옵니다.

---

20 『용담유사』, 「검결」.

21 이돈화, 『천도교창건사』, 「第一篇, 水雲大神師」, 32쪽.

> 서헌순이 "네 도로써 세상을 가르친다 하면서 목검을 만들어 스스로 사용하고 또 제자에게 가르쳤으니 그것은 무슨 의미로 한 것이냐" 라고 물었다. 이에 최제우가 대답하기를 "도를 닦는 것은 천심을 지키고 정기(正氣)를 양(養)하는 것이라. 그러므로 내 사람의 정기(正氣)를 양(養)하기 위해 목검을 만들어 검무를 추게 한 것이요 다른 뜻이 없노라.[22]

당시 수운 선생에 대한 심문의 핵심이 검무와 검가를 통해 역모를 꾀하려고 했다는 데 있었다는 것을 알 수 있습니다. 여기에 대해 수운 선생은 검무와 검가는 정기(正氣) 공부의 한 방편이었다고 답하고 있습니다.

검무를 출 때 함께 불렀던 '검결(劍訣, 劍歌)' 칼노래는 동학의 의식에서 주로 사용되었던 노래로, 특히 달이 밝은 밤이면 산정에 올라 하늘에 제를 지내고 의식이 절정에 이르게 되면 목검을 손에 쥐고 검무를 추며 이 노래를 불렀다고 합니다.

> 시호(時乎) 시호 이내 시호 부재래지(不再來之) 시호로다
> 만세일지(萬世一之) 장부로서 오만년지(五萬年之) 시호로다
> 용천검(龍泉劍) 드는 칼을 아니 쓰고 무엇하리
> 무수장삼(舞袖長衫) 떨쳐 입고 이 칼 저 칼 넌즛 들어

---

22 『일성록(日省錄)』(癸亥12月 21日字, 甲子 2月 29日字), 『承政院日記』(甲子 2月29日字).

호호망망(浩浩茫茫) 넓은 천지 일신(一身)으로 비껴서서
칼노래 한 곡조(曲調)를 시호시호 불러내니
용천검 날랜 칼은 일월(日月)을 희롱(戲弄)하고
게으른 무수장삼 우주(宇宙)에 덮여 있네
만고명장 어디 있나 장부당전(丈夫當前) 무장사(無壯士)라
좋을시고 좋을시고 이 내 신명(身命) 좋을시고

이는 동학이 지향하는 후천개벽의 새로운 세상을 맞이하고자 하는, 그러한 정신적인 희열을 매우 상징적으로 춤과 노래로 표현한 것으로 볼 수 있습니다. 외양상으로는 일전을 불사하는 혁명적 변혁을 꾀하는 듯하지만, 내면적으로는 종교적 수행을 통해 도달하는 '충일된 정신의 고양 상태'의 표출, 또는 이러한 정신의 고양을 통해 지향하고자 하는 새로운 세계로의 열망을 나타내고 있습니다.[23] 집단적 군무와 노래는 같이 모인 사람들을 동귀일체(同歸一體)로 이끌어내는 하나의 축제의 어울림이었을 것입니다. 모두 한 자씩 뛰어오르는 춤을 추면서 세속적 근심과 욕망을 훌훌 벗어버리고, 후천개벽을 여는 상생의 춤을 더덩실 추었던 것입니다. 그러므로 수운 선생의 칼은 사람을 죽이는 칼이 아니라, 사람을 살리고 세상을 '살리는 칼'이었습니다.

그런데 수운 선생이 처형된 동기 중 하나도 바로 이 검무 때문인 것으로 보입니다. 당시 조정에서는 검무를 군사 훈련의 방편으로

23 윤석산, 「동학 가사 검결 연구」, 『한양어문』 113호, 한국언어문화학회, 1995.

보아, 수운 선생이 모반을 꾀했다고 누명을 씌웠습니다.[24] 이러한 이유 때문에 수운 선생의 순도(殉道) 이후 검무는 지하로 잠복되었고 해월 시대에도 검무에 관한 기록은 거의 등장하지 않습니다. 이후의 동학 역사에서도 검무는 금기시되거나 그다지 중요시되지 않았고 지금은 단절되었습니다. 이 검무를 복원하는 것이 동학의 수도법을 정립하는 데 매우 중요한 과제입니다.

24 『日省錄』, 「高宗 元年 甲子 二月二十九日庚子」, "劍舞唱 播兇歌 平世思亂 暗地聚黨."

5

'다시개벽'의 새세상

시천주와 더불어 '개벽'은 동학의 가장 핵심 사상 중 하나입니다. 개벽사상은 본래 수운 선생이 『용담유사』에서 하원갑의 혼란의 시대가 지나고 상원갑의 호시절이 다시 온다고 하면서 '다시개벽'이란 용어를 쓴 데서 유래합니다.

> 십이제국 괴질 운수 다시개벽 아닐런가
> 태평성세 다시 정해 국태민안 할 것이니[1]

수운 선생은 '개벽'의 용어 앞에 '다시'를 붙임으로써 곧 천지 창조와 같은 거대한 열림이 다시 한 번 이룩되는 시기가 올 것임을 암시했습니다. 이때 '개벽'은 우주적 순환 원리에 의해 필연적으로 도래할 새로운 세상과 그것에 수반하는 물질적 · 정신적 대변혁을 의

---

1 『용담유사』, 「안심가」.

미합니다. 선생은 당시의 대내외적 혼돈 상태에 빠져 있던 조선의 현실을 시운적 운세관에 따라 운이 이미 다해 가는 하원갑 세상으로 보았습니다.

> 개탄지심(慨歎之心) 두지 말고 차차차차 지냈어라
> 하원갑(下元甲) 지내거든 상원갑(上元甲) 호시절(好時節)에
> 만고(萬古) 없는 무극대도(無極大道) 이 세상에 날 것이니[2]

괴질 운수로 대표되는 혼돈기에 무극대도(無極大道)가 나와서 상원갑 호시절을 연다는 것은 당시 도탄에 빠진 백성들에게는 가장 강력한 종교적 메시지라고 할 수 있습니다. 수운 선생은 실제로 이런 하원갑의 혼돈 뒤에 다시 상원갑 호시절이 온다는 것을 순환적인 역(易)의 원리로 확신했던 것 같습니다. 이런 새로운 세상의 문명적 대전환을 '개벽'이라고 한 것입니다.

이렇게 낡은 운세가 지나가고 새로운 운세가 지금 막 도래하고 있다는 운세관은 일차적으로 동양사상이 공유하고 있는 역사 의식입니다. 물론 이런 운세관이 대규모의 종교적 신념 체계를 형성할 수 있었던 것은 당시의 혼란한 사회에 대한 위기 의식이 크게 작용했기 때문입니다. 왕조사회의 쇠퇴와 해체의 징조를 수운 선생은 '괴질 운수'라고 하는 말세적 역사 감각으로 표현했습니다. 이렇게 수운 선생의 후천개벽 사상에는 전통적인 순환적 시운론과 역사적

---

2 『용담유사』, 「몽중노소문답가」.

격변기의 위기 의식이 크게 작용하고 있습니다. 여기에다 인격적인 하늘님에 대한 봉헌적 태도(devotinalism) 역시 이런 종교적 신념을 강화시켰을 것입니다.[3]

동학의 개벽사상은 대외적으로는 중화문명권의 해체에 대비해서 보국책을 강구하고 대내적으로는 시운이 다한 왕조사회의 멸망을 예언하고 있다는 점에서 왕조해체기에 나타난 혁명적 변혁사상의 성격을 갖고 있습니다. 따라서 개벽사상이 지닌 유토피아적 희망과 당시의 위기 의식에 대한 변혁 의지가 동학도들을 결집시켰고, 이것이 시천주의 평등사상과 함께 동학농민혁명의 가장 큰 원동력이 되었던 것이 아닌가 추정됩니다.

그러나 선생의 개벽사상이 단순히 새로운 세상에 대한 예언적 성격에 그치는 것은 아닙니다. 선생에게서 더욱 중요하게 여겨진 것은 새로운 세상이 온다는 역사적 필연성보다는 주문(呪文)과 영부(靈符)를 통한 수련, 그리고 성경신(誠·敬·信)의 실천과 수심정기(守心正氣) 공부를 통한 인간의 주체적인 변화와 자각이었습니다. 선생은 새 세상을 만들어내는 주체는 인간이며, 그 변화는 인간의 내면에서부터 시작되어야 한다고 보았습니다. 인류 역사는 성쇠의 시운 순환에 의해 발전하지만 그 시운은 누군가에 의해 예정되어 있는 것이 아니라 인간 스스로의 자각과 주체적인 실천에 달려 있다는 것입니다. 그러므로 동학적 낙원사상의 특징은 정신의 개벽을 통해 이 지상에 천국을 이룩하겠다는 것입니다.

---

3 윤이흠, 「동학운동의 개벽사상」, 『한국문화』 8, 서울대 한국문화연구소, 1987. 12.

동학은 애초부터 보국안민(輔國安民)을 내세운 현실적 종교입니다. 그러므로 내세에 대한 언급보다는 인간의 현실적 고통에서 해방되는 방법을 제시했습니다. 특히 지방 수령들의 수탈과 차별, 전염병, 절대적 빈곤, 외세의 침략 등 절체절명의 위기 상황에서 근본적인 해답을 주고자 한 것이 동학입니다. 사람들이 정감록이나 비결서에서 십승지(十勝地)를 찾고 궁궁촌(弓弓村)을 찾을 때, 수운 선생은 십승지나 궁궁촌이 특정한 장소가 아니라 바로 마음이라는 것을, 즉 시천주를 깨달아 내 몸에 하늘님을 모심으로써 가능하다고 보았습니다. 그러므로 선생의 개벽사상은 시천주의 사회적 실천입니다.

> 그의 참위설적 역사 예언은 단순한 '성쇠지리'에 따른 왕조 교체의 운명적 필연성을 예단하는 데 그치지 않고 새로운 천운을 맞이할 왕조사회의 극복 단계를 예상하고 있으며 '후천개벽'이라 해서 특별히 성현 등 대천자(代天者)를 필요로 하지 않고 모두 개개인이 시천주자(侍天主者)로서 도성덕립(道成德立)한 군자들의 '동귀일체(同歸一體)' 상태를 꿈꾸고 있는 것입니다.[4]

요컨대 수운 선생의 개벽은 단지 미래에 예정되어 있는 어떤 사건에 대한 묵시론적 예언에 불과한 것이 아닙니다. 수운 선생이 애초에 동학을 내놓은 이유는 당시의 '각자위심(各自爲心)'에 빠진 세태에 대해 문제 의식을 느꼈기 때문입니다. 수운 선생은 세상이

---

4 신일철, 「동학사상의 전개」, 『동학사상의 이해』, 63쪽.

혼란해진 근본 원인을 세상 사람들이 모두 자기 중심적인 배타적 욕망에 빠져 서로를 해(害)하고 있기 때문이라고 보았습니다. 따라서 수운 선생은 모든 사람이 내면에 하늘을 모시고 있다는 사실을 깨우치지 못해 생긴 어리석음과 어긋남에서 벗어나, 내면에서 하늘을 섬기는 마음을 회복함으로써 외면으로 향하던 욕망을 거두고 내면의 신성을 발견하라고 했습니다.

이런 삶의 태도로의 전환은 탐욕과 분노와 불신으로 가득 차 있던 내면을 거룩한 이가 사는 신성하고 평화로운 공간으로 바꾸게 했습니다. 또한 그를 모시는 경건하고 온화한 삶의 태도를 통해 삶의 양식의 전면적 전환과 인격의 변화를 예고했던 것입니다. 모든 사람이 하늘을 모신 거룩한 존재라는 생각은 계급과 차별, 폭력에 대한 근원적 반성을 촉구했으며, 모든 존재를 평등하게 대할 뿐 아니라 공경하는 데까지 나아가게 했습니다. 그는 배고픈 백성들에게 직접적으로 밥을 주지는 못했지만 주린 배보다 더 견디기 힘든 온갖 멸시와 차별에서 벗어나 처음으로 사람답게 대접받는 세상을 만나게 했습니다.

결론적으로 동학은 제2의 축의 시대, 세계사적 문명의 대전환기를 맞아 자기 안의 하늘님을 발견함으로써 스스로를 개벽하고, 나아가 사람과 뭇 생명을 신령한 하늘님으로 모시고 공경하는 '생활의 성화(聖化)', 또 그것을 사회적으로 확장함으로써 사회를 모심과 살림의 거룩한 원리가 지배할 수 있는 '사회적 성화(聖化)'를 이루고자 한 문명적 개벽운동이라고 할 수 있겠습니다. 그것은 모든 존재 속에 무궁하고 신령한 하늘님이 모셔져 있다고 하는 시천주(侍

天主)의 '모심'을 바탕으로 한 생활 양식의 전면적 전환이며 인류 문명을 근원적으로 반성하고 치유하고자 하는 '살림' 운동이었습니다.

21세기는 인류의 절멸이냐 아니면 새로운 영적 진화와 도약을 통한 새로운 문명의 도래냐의 갈림길에 서 있다고 할 수 있습니다. 이러한 때에 수운 선생의 가르침이 '모든 사람이 하늘님으로 존중받는 세상을 여는' 시대의 등불로 다시 읽혀지기를 바랍니다. 수운 선생이 대구 감옥에서 최후에 해월 선생에게 전한 시구를 소개하면서 글을 마칩니다.

등불이 물 위에 밝았으니 다른 의심이 없고,	燈明水上無嫌隙
기둥이 마른 것 같으나 힘은 남아 있네.	柱似枯形力有餘

2
자료

* 『동경대전』은 1883년 계미중하판을 저본으로 삼아 번역했습니다.
* 번역은 천도교중앙총부에서 간행한 『천도교경전』을 기초로 하되, 현대인들에게 익숙하지 않은 용어를 읽기 쉽게 풀고, 의미가 잘 통하지 않는 부분은 일부 수정 · 보완했습니다. 이 작업에는 윤석산의 『동경대전 주해』(동학사, 1998)와 박맹수의 『동경대전』(지식을만드는지식, 2009)의 도움을 많이 받았습니다. 잘못된 번역은 모두 필자의 책임입니다.
* 『용담유사』는 1883년(癸未)에 출간된 목판본을 저본으로 삼되, 옛 가사체는 『천도교경전』을 따라 현대어로 고쳤습니다.
* 『용담유사』의 주해는 독자의 이해를 돕기 위해 필자가 단 것입니다. 주해는 윤석산의 『용담유사 주해』(동학사, 1999)와 김인환의 『동학의 이해』(고려대출판부, 1994)를 많이 참고했음을 밝힙니다.

1

동경대전(東經大全)

布德文(포덕문)[1]

盖自上古以來, 春秋迭代四時盛衰, 不遷不易, 是亦天主造化之迹, 昭然于天下也. 愚夫愚民 未知雨露之澤 知其無爲而化矣. 自五帝之後, 聖人以生, 日月星辰, 天地度數, 成出文卷而以定天道之常然, 一動一靜一盛一敗, 付之於天命, 是敬天命而順天理者也. 故人成君子, 學成道德, 道則天道, 德則天德. 明其道而修其德, 故乃成君子, 至於至聖, 其不欽歎哉. 又此挽近以來, 一世之人, 各自爲心, 不順天理, 不顧天命, 心常悚然, 莫知所向矣.

저 아득한 옛적부터 봄과 가을이 서로 갈아들고, 사시(四時)가 성

---

1 「포덕문」은 '덕을 펴는 글' 이란 뜻이다. 1861년 6월부터 본격적인 포덕을 하게 될 때 지은 것으로 보인다. 『동경대전』 전편을 통틀어 가장 먼저 쓰여진 글이다. 하늘님과 문답이 열리는 결정적인 종교 체험과 그 체험으로 영부와 주문을 받는 이야기가 핵심적으로 나온다.

하고 쇠함이 늘 규칙적이어서 옮기지도 아니하고 바뀌지도 아니하니, 이 또한 하늘님 조화의 자취가 천하에 뚜렷한 것이지만, 사람들은 하늘님의 조화로 이루어지는 비와 이슬의 혜택을 알지 못하고 자연히 그런 것으로 알았다. 그러다가 옛날 중국의 다섯 임금 이후로 성인이 나서서 해와 달과 별의 움직임과 우주의 운행 원리를 글로 적어, 천도(天道)의 변하지 않는 모습을 밝혔다. 이로써 한 번 행함과 멈춤, 인생의 성공과 실패 등의 모든 것에서 하늘의 뜻을 잘 살펴 행했으니, 여기서 옛사람들이 하늘의 뜻을 공경하고 하늘의 이치에 따라 살았다는 것을 잘 알 수 있다.

그러므로 사람은 군자가 되고, 학은 도덕을 이루었으니, 도는 바로 하늘의 도[天道]요, 덕은 바로 하늘의 덕[天德]이다. 그 도를 밝히고 그 덕을 닦음으로 군자가 되어 지극한 성인에까지 이르렀으니 어찌 부러워 감탄하지 않겠는가. 그러나 이 근래에 오면서 세상 사람들이 모두 자기밖에 모르는 이기심(각자위심)에 빠져 하늘의 이치를 순종치 아니하고 하늘의 뜻을 살피지 아니하므로 마음이 항상 두려워 어찌할 바를 알지 못했다.

至於庚申, 傳聞西洋之人, 以爲天主之意, 不取富貴, 功取天下, 立其堂行其道, 故吾亦有其然豈其然之疑. 不意四月, 心寒身戰, 疾不得執症, 言不得難狀之際, 有何仙語, 忽入耳中, 驚起探問, 則曰 "勿懼勿恐, 世人謂我上帝, 汝不知上帝耶?" 問其所然, 曰 "余亦無功, 故生汝世間, 敎人此法, 勿疑勿疑" 曰 "然則西道以敎人乎?" 曰 "不然, 吾有靈符, 其名仙藥, 其形太極, 又形弓弓, 受我此符, 濟人疾病, 受我呪文, 敎人爲我, 則汝亦長生, 布德天下矣."

경신년(1860)에 와서 들리는 소문이, 서양 사람들은 하늘님의 뜻이라 하여 부귀는 취하지 않는다 하면서도, 천하를 쳐서 빼앗아 교당을 세우고 도를 행한다고 하므로, 나 또한 '그것이 그럴까 어찌 그것이 그럴까' 하는 의심이 있었다.

그런데 뜻하지 않게 1860년 4월에 마음이 섬뜩해지고 몸이 떨려서 무슨 병인지 알 수도 없고, 말로 표현하기도 어려운 지경에, 어디선가 신비한 말씀이 문득 귀에 들리므로 깜작 놀라서 일어나 여쭈었더니 말씀하시기를,

"두려워하지 말고 두려워하지 말라. 세상 사람이 나를 상제라 이르거늘 너는 상제를 알지 못하느냐."

어찌된 영문인지를 여쭈니, 대답하시기를,

"내 또한 공(功)이 없으므로 너를 세상에 내어 사람에게 이 법을 가르치게 하니 의심하지 말고 의심하지 말라."

묻기를 "그러면 서도(西道)로써 사람을 가르치리이까?"

대답하시기를,

"그렇지 아니하다. 나에게 영부 있으니 그 이름은 선약(仙藥)이요 그 형상은 태극(太極)이요 또 다른 형상은 궁궁(弓弓)이니, 나의 영부를 받아 사람을 질병에서 건지고, 나의 주문을 받아 사람을 가르쳐서 나를 위하게 하면 너도 또한 장생하여 덕을 천하에 펴리라."

吾亦感其言, 受其符, 書以呑服, 則潤身差病, 方乃知仙藥矣, 到此用病, 則或有差不差, 故莫知其端, 察其所然, 則誠之又誠, 至爲天主者,每每有中, 不順道德者, 一一無驗, 此非受人之誠敬耶. 是故我國惡疾滿世, 民無四時之安, 是亦傷害之數也. 西洋戰勝功取, 無事不成而天下盡滅, 亦不無脣亡之歎. 輔國安民, 計將安出. 惜哉, 於今世人, 未知時運, 聞我斯言, 則入則心非, 出則巷議, 不順道德, 甚可畏也. 賢者聞之, 其或不然而吾將慨歎, 世則無柰, 忘略記出, 諭以示之, 敬受此書, 欽哉訓辭.

나는 그 말씀에 느끼는 바가 있어 그 영부를 받아 종이에 쓴 다음 불에 태워 그 재를 물에 타서 마셔 보니 몸이 윤택해지고 병에 차도가 있어서 그것이 참으로 신선의 약인 줄 알게 되었다. 그러나 이것을 다른 사람들의 병에 써보기도 했는데 혹 낫기도 하고 낫지 않기도 하므로 그 까닭을 알 수 없어 그 이유를 살펴보니, 정성드리고 또 정성을 드리어 지극히 하늘님을 위하는 사람은 매번 들어맞고 도(道)와 덕(德)을 순종치 않는 사람은 하나도 효험이 없었으니 이것은 받는 사람의 정성과 공경에 달린 것이 아니겠는가.

이렇듯 우리나라는 나쁜 병이 세상에 가득 차서 백성들이 언제나 편안할 때가 없으니 이 또한 상해(傷害)의 운수요, 서양은 싸우면 이기고 치면 빼앗아 이루지 못하는 일이 없으니 천하가 다 멸망해 버리면 역시 입술이 없어져 이가 시리게 되는 한탄이 없지 않을 것이다. 나라를 보전하고 백성들을 편안하게 할 보국안민(輔國安民)의 계책이 장차 어디서 나올 수 있을 것인가.

아 슬프다. 지금 세상 사람은 시대의 운수[時運]를 알지 못해 나의 이 말을 들으면, 들어가서는 마음으로 그르게 여기고 나와서는 모여서 수군거리며 도와 덕을 순종치 않으니 심히 두려운 일이다. 현명한 사람들 가운데도 내 말을 듣고 혹 그렇지 않다고 여기니, 그저 개탄스러울 따름이지만 세상은 어찌 할 수 없어, 간략하나마 적어내어 가르쳐 보이니 공경히 이 글을 받아 삼가 교훈의 말씀으로 삼도록 하라.

論學文(논학문)[2]

夫天道者, 如無形而有迹, 地理者如廣大而有方者也. 故天有九星, 以應九州, 地有八方, 以應八卦, 而有盈虛迭代之數, 無動靜變易之理. 陰陽相均, 雖百千萬物, 化出於其中, 獨惟人最靈者也.

故定三才之理, 出五行之數, 五行者何也. 天爲五行之綱, 地爲五行之質, 人爲五行之氣, 天地人三才之數, 於斯可見矣.

四時盛衰, 風露霜雪, 不失其時, 不變其序, 如露蒼生, 莫知其端. 或云天主之恩, 或云化工之迹, 然而以恩言之, 惟爲不見之事, 以工言之, 亦爲難狀之言, 何者, 於古及今, 其中未必者也.

무릇 하늘의 도[天道]는 형체가 없는 것 같지만 자취가 있고, 땅의 이치[地理]는 넓고 큰 것 같아도 방위가 있는 것이다. 그러므로 하늘에는 아홉 별[九星]이 있어 땅의 아홉 주[九州]와 대응해 있고, 땅에

2 「논학문」은 '(동)학에 대해 논한 글'이란 뜻으로 '동학론'이라고 불리기도 했다. 관의 지목을 피해 전라도 남원 은적암에 머물 때, 1862년 1월에서 2월 사이에 쓰여진 글로 추정된다. "도는 천도나, 학인즉 동학"이라고 하여 '동학'이란 용어가 처음으로 나온다. 동학의 요체를 밝히고 있는 가장 핵심적인 글이다.

는 여덟 방위가 있어 하늘의 여덟 괘(팔괘)와 대응해 있다. 차고 비고 서로 갈마드는 역수(曆數)의 변화는 있지만, 천지의 운행이 변하고 바뀌는 이치는 없다. 음과 양이 서로 조화를 이룬 가운데 비록 모든 만물이 그 속에서 화생해 나지마는 오직 사람이 가장 신령한 것이다.

그러므로 삼재(三才)의 이치를 정하고 오행(五行)[3]의 수를 내었으니 오행이란 것은 무엇인가. 하늘은 오행의 벼리(근본)가 되고 땅은 오행의 바탕이 되고 사람은 오행의 기운이 되었으니, 천 · 지 · 인 삼재의 수를 여기에서 볼 수 있다.

사시의 성하고 쇠함, 바람과 이슬, 서리와 눈이 그 때를 잃지 아니하고 그 차례를 바꾸지 아니하니, 이슬과 같은 창생은 그 까닭을 알지 못해, 어떤 이는 하늘님의 은혜라 이르고 어떤 이는 조화의 자취라 이르나, 은혜라고 말할지라도 오직 보지 못한 일이요 조화의 자취라 말할지라도 또한 형상하기 어려운 말이다. 어찌하여 그런가. 옛적부터 지금까지 그 이치를 바로 살피지 못했기 때문이다.

夫庚申之年, 建巳之月, 天下紛亂, 民心淆薄, 莫知所向之地, 又有怪違之說, 崩騰又世間, 西洋之人, 道成立德, 及其造化, 無事不成, 功鬪干戈, 無人在前, 中國燒滅, 豈可無脣亡之患也. 都緣無他, 斯人, 道稱西道, 學稱天主, 敎則聖敎, 此非知天時而受天命耶.

---

3 오행(五行) : 우주를 운행하고 만물을 생성하는 기(氣)의 다섯 가지. 곧 금(金), 목(木), 수(水), 화(火), 토(土).

擧此一一不已, 故吾亦悚然, 只有恨生晩之際, 身多戰寒, 外有接靈之氣, 內有降話之敎, 視之不見, 聽之不聞, 心尙怪訝, 修心正氣而問曰, "何爲若然也."

曰, "吾心卽汝心也, 人何知之, 知天地而無知鬼神, 鬼神者吾也, 及汝無窮無窮之道, 修而煉之, 制其文敎人, 正其法布德, 則令汝長生, 昭然于天下矣."

吾亦幾至一歲, 修而度之, 則亦不無自然之理, 故一以作呪文, 一以作降靈之法, 一以作不忘之詞, 次第道法, 猶爲二十一字而已.

지난 경신년(1860년) 4월에 천하가 어지럽고, 민심이 혼란하여 어디로 향할지 알지 못할 즈음에 또한 괴상하고 이치에 맞지 않는 소문이 세간에 떠들썩하기를, "서양 사람은 도를 이루고 덕을 세워 그 조화를 행함에 일을 이루지 못함이 없고 무기로 침공함에 당할 사람이 없다"고 했다. 그러니 만일 중국이 소멸하면 입술이 없어져 이가 시린 근심이 어찌 없겠는가? 이런 까닭을 헤아려 보니 도무지 다른 것이 아니라, 이 사람들은 자신의 도를 서도(西道)라 하고 학문을 천주학이라 부르고, 가르침을 성스러운 가르침[聖敎]이라 하니, 이것은 하늘의 때[天時]를 알고 하늘의 명[天命]을 받은 것이 아니겠는가.

이를 일일이 들어 말할 수 없으므로, 나 또한 두렵게 여겨 다만 때를 잘못 타고난 것을 한탄할 즈음에, 몸이 몹시 떨리면서 밖으로 신령한 기운이 접하고 안으로 말씀이 가르침으로 내리는데, 보려 해도 보이지 아니하고 들으려 해도 들리지 않아 마음이 오히려 괴이하고 의아해지므로 마음을 가다듬고 기운을 바르게 하여 묻기를,

"어찌하여 이렇습니까?"

대답하시기를,

"내 마음이 곧 네 마음이니라. 사람이 어찌 이를 알리오. 천지는 알아도 귀신은 모르니 귀신이라는 것도 나니라. 너는 무궁무궁한 도에 이르렀으니 닦고 단련하고, 글을 지어 사람을 가르치고, 법을 바르게 하여 덕을 펴면 너로 하여금 장생하여 천하에 빛나게 하리라."

나 또한 거의 한 해를 닦고 헤아려 본즉, 자연한 이치 아님이 없으므로 한편으로 주문을 짓고 한편으로 신령한 기운을 받는[降靈] 법을 짓고, 한편으로는 하늘님을 잊지 않는 글을 지으니, 절차와 도법이 오직 스물 한 자(주문)를 가지고 될 따름이었다.

轉至辛酉, 四方賢士, 進我而問曰, "今天靈降臨先生, 何爲其然也?" 曰, "受其無往不復之理" 曰, "然則何道以名之?" 曰, "天道也" 曰, "與洋道無異者乎?" 曰, "洋學如斯而有異?" "如呪而無實, 然而運則一也, 道則同也, 理則非也."

曰, "何爲其然也?" 曰, "吾道無爲而化矣, 守其心正其氣, 率其性受其敎, 化出於自然之中也, 西人, 言無次第, 書無皀白, 而頓無爲天主之端, 只祝自爲身之謀, 身無氣化之神, 學無天主之敎, 有形無迹, 如思無呪, 道近虛無, 學非天主, 豈可謂無異者乎."

曰, "同道言之, 則名其西學也?" 曰, "不然, 吾亦生於東, 受於東, 道雖天道, 學則東學, 況地分東西, 西何謂東, 東何謂西, 孔子生於魯, 風於鄒, 鄒魯之風, 傳遺於斯世, 吾道受於斯布於斯, 豈可謂以西名之者乎."

신유년에 이르러 사방에서 어진 선비들이 나에게 와서 묻기를

"지금 하늘의 영[天靈]이 선생님께 강림했다 하니 어찌된 일입니까?"

대답하기를,

"가고 돌아오지 않음이 없는 이치를 받은 것이니라."

묻기를,

"그러면 무슨 도라고 이름합니까?"

대답하기를,

"하늘의 도[天道]이니라."

묻기를,

"서양의 도와 다른 것이 없습니까?"

대답하기를,

"서양의 학은 우리 도와 같은 듯하나 다름이 있고, 하늘님을 생각하는 것 같으나 실지가 없느니라. 운(運)인즉 하나요 도(道)인즉 같으나 이치인즉 다르니라."

묻기를,

"어찌하여 그렇습니까?"

대답하기를,

"우리 도는 무위이화[4]라. 그 마음을 지키고 그 기운을 바르게 하

---

4 무위이화(無爲而化) : 인위적으로 하지 않아도 자연한 가운데 저절로 이루어짐. 하늘님이 임의로 주재하지 않아도 하늘의 화생 변화의 자연한 법칙에 따라 이루어진다는 의미.

고 그 성품을 거느리고 그 가르침을 받으면, 자연한 가운데 화(化)해 나는 것이다. (그러나) 서양 사람은 말에 차례가 없고 글에 순서가 없으며 도무지 하늘님을 위하는 단서가 없고 다만 제 몸만을 위해 빌 따름이라. 몸에는 기화지신[5]이 없고 학에는 하늘님의 가르침이 없으니, 형식은 있으나 자취가 없고 생각하는 것 같지만 주문이 없는지라, 도는 허무한데 가깝고 학은 하늘님 위하는 것이 아니니, 어찌 다름이 없다고 하겠는가."

묻기를,

"도가 같다고 말하면 서학이라고 이름합니까?"

대답하기를,

"그렇지 아니하다. 내가 또한 동에서 나서 동에서 받았으니 '도는 비록 천도나 학인즉 동학'이다. 하물며 땅이 동서로 나뉘었으니, 서를 어찌 동이라 이르며 동을 어찌 서라고 이르겠는가. 공자는 노나라에 나시어 추나라에 도를 폈기 때문에 추로의 풍화가 이 세상에 전해 온 것인데, 우리 도는 이 땅에서 받아 이 땅에서 폈으니 어찌 가히 서라고 이름하겠는가."

---

5 기화지신(氣化之神) : 한울님의 신령한 기운. 수운 선생이 강조하는 하늘님에 대한 참된 모심은 '안으로 하늘님의 가르침을 받고, 밖으로 하늘님의 신령한 기운을 체험'하는 것이다. 이것이 '내유신령'과 '외유기화'이다. 이 가운데서 기화지신은 몸으로 하늘님의 신령한 기운을 직접 체험하고 느껴야 한다는 것이다. 자기가 혼자서 자기 몸을 움직이는 것이 아니라 사실은 하늘님의 기운에 의해, 나아가 우주 전체의 기화 작용에 의해 몸이 움직이고, 생명 활동이 유지되고 있다는 것을 확실하게 체험하는 것이다. 이렇게 영과 기운으로서 하늘님을 체험하는 것이 동학 시천주의 핵심이다. 그러므로 수운 선생은 서학에 이것이 부족하다고 비판하고 있는 것이다.

曰, "呪文之意何也?" 曰, "至爲天主之字, 故以呪言之, 今文有古文有."

曰, "降靈之文, 何爲其然也?" 曰, "至者, 極焉之爲至, 氣者, 虛靈蒼蒼, 無事不涉, 無事不命, 然而如形而難狀, 如聞而難見, 是亦渾元之一氣也. 今至者, 於斯入道, 知其氣接者也, 願爲者, 請祝之意也, 大降者, 氣化之願也. 侍者, 內有神靈, 外有氣化, 一世之人, 各知不移者也. 主者, 稱其尊而與父母同事者也. 造化者, 無爲而化也. 定者, 合其德定其心也. 永世者, 人之平生也. 不忘者, 存想之意也. 萬事者, 數之多也. 知者, 知其道而受其知也. 故明明其德, 念念不忘, 則至化至氣, 至於至聖."

묻기를,

"주문의 뜻은 무엇입니까?"

대답하기를,

"지극히 하늘님을 위하는 글이므로 주문이라 이르는 것이니, 지금 글에도 있고 옛 글에도 있느니라."

묻기를,

"강령의 글은 어찌하여 그렇게 됩니까?"

대답하기를,

" '지(至)'라는 것은 지극하여 궁극적인 것을 이름이요, '기(氣)'라는 것은 비었으되 신령함으로 가득 차서 모든 일에 간섭하지 않음이 없고, 명령하지 않는 일이 없는 것으로, 형체가 있는 것 같으나 형용하기 어렵고 들리는 듯하나 보기는 어렵나니 그래서 이것을 또한 (옛사람들이) 혼원한 하나의 기운이라고 한 것이다. '금지(今

至)'라는 것은 이 도에 입도해 하늘님 기운에 접함을 안다는 것이요, '원위(願爲)'라는 것은 청해 비는 뜻이요, '대강(大降)'이라는 것은 하늘님 기운에 화해지기를 청하는 것이다.

'시(侍)'라는 것은 안으로 신령한 영이 있고[內有神靈] 밖으로 기운 작용이 있어[外有氣化], 온 세상 사람이 각각 이것으로부터 옮기지 못할 것임을 안는다는 것이요[各知不移], '주(主)'라는 것은 존칭으로서 부모처럼 섬긴다는 것이요, '조화(造化)'라는 것은 인위적으로 하지 않아도 저절로 이루어지는 것이요[無爲而化], '정(定)'이라는 것은 하늘의 덕에 합해 마음을 굳건히 정한다는 것이요, '영세(永世)'라는 것은 사람의 한 평생이요, '불망(不忘)'이라는 것은 언제나 마음 속에 간직해 잊지 않는다는 것이요, '만사(萬事)'라는 것은 수가 많은 것이요, '지(知)'라는 것은 하늘의 도를 알아서 하늘님의 지혜를 받는다는 것이다. 그러므로 하늘의 덕을 밝고 밝게 하여늘 생각하여 잊지 아니하면 지기(至氣)의 기운에 지극히 화해 지극한 성인에 이르게 되는 것이다.

曰, "天心卽人心, 則何有善惡也?" 曰, "命其人貴賤之殊, 定其人苦樂之理, 然而君子之德, 氣有正而心有定, 故與天地合其德, 小人之德, 氣不正而心有移, 故與天地違其命, 此非盛衰之理耶."

曰, "一世之人, 何不敬天主也" 曰, "臨死號天, 人之常情, 而命乃在天, 天生萬民, 古之聖人之所謂而尙今彌留, 然而似然非然之間, 未知詳然之故也."

曰, "毁道者何也?" 曰, "猶或可也." 曰, "何以可也?" 曰, "吾道今不聞古不聞之事, 今不比古不比之法也, 修者如虛而有實, 聞者如實而有虛也."

曰, "反道而歸者何也?" 曰, "斯人者不足擧論也." 曰, "胡不擧論也?" 曰, "敬而遠之" 曰, "前何心而後何心也?" 曰, "草上之風也." 曰, "然則何以降靈也." 曰, "不擇善惡也." 曰, "無害無德耶?" 曰, "堯舜之世, 民皆爲堯舜, 斯世之運, 與世同歸, 有害有德, 在於天主, 不在於我也. 一一究心, 則害及其身, 未詳知之, 然而斯人享福, 不可使聞於他人, 非君之所問也, 非我之所關也."

묻기를

"하늘님 마음이 곧 사람의 마음이라면 어찌하여 선악이 있습니까?"

대답하기를,

"사람의 귀천의 다름은 운명이랄 수 있고, 고락의 이치는 정해져 있다 하더라도, 군자의 덕은 기운이 바르고 마음이 정해져 있으므로 천지와 더불어 그 덕에 합하고, 소인의 덕은 기운이 바르지 못하고 마음이 옮기므로 천지의 명에 어기나니, 이것이 성하고 쇠하는 이치가 아니겠는가."

묻기를,

"온 세상 사람이 어찌하여 하늘님을 공경치 아니합니까?"

대답하기를,

"죽음에 임해 하늘님을 부르는 것은 사람의 보통 심정이라. 목숨이 하늘에 있음과 하늘이 만백성을 내었다는 것은 옛 성인의 하신 말씀으로서 지금까지 미루어 오는 것이나, 그런 것 같기도 하고 그렇지 않은 것 같기도 하여 자세한 것을 알지 못하기 때문이니라."

묻기를,

"도를 훼방하는 자는 어째서입니까?"

대답하기를,

"혹 그럴 수도 있느니라."

묻기를,

"어찌하여 그렇습니까?"

대답하기를,

"우리 도는 지금도 듣지 못하고 옛적에도 듣지 못하던 일이요, 지금도 비교하지 못하고 옛적에도 비교하지 못하는 법이라. 닦는 사람은 헛된 것 같지만 실지가 있고, 듣기만 하는 사람은 실지가 있는 것 같지만 헛된 것이니라."

묻기를,

"도를 배반하고 돌아가는 자는 어째서입니까?"

대답하기를,

"이런 사람은 족히 거론할 필요가 없느니라."

묻기를

"어찌하여 거론하지 않습니까?"

대답하기를,

"공경하되 멀리할 것이니라."

묻기를,

"입도할 때 마음은 무슨 마음이었으며 도를 배반할 때의 마음은 무슨 마음입니까?"

대답하기를,

"바람 앞의 풀과 같은 것이니라."

묻기를,

"그렇다면 어찌 강령이 됩니까?"

대답하기를,

"하늘님은 선악을 가리지 않기 때문이니라."

묻기를,

"해도 없고 덕도 없습니까?"

대답하기를,

"요순의 세상에는 백성이 다 요순같이 되었고, 이 세상 운수는 세상과 같이 돌아가는지라 해가 되고 덕이 되는 것은 하늘님께 있는 것이요 나에게 있지 않으니라. 낱낱이 마음 속에 헤아려 본즉 해가 그 몸에 미칠지는 자세히 알 수 없으나 이런 사람이 복을 누리리라는 것은 다른 사람에게 듣게 해서는 안 되니, 그대가 물을 바도 아니요 내가 관여할 바도 아니니라."

嗚呼噫噫, 諸君之問道, 何若是明明也. 雖我拙文, 未及於精義正宗, 然而矯其人修其身, 養其才正其心, 豈可有岐貳之端乎. 凡天地無窮之數, 道之無極之理, 皆載此書, 惟我諸君, 敬受此書. 以助聖德, 於我比之, 則況若甘受和白受采, 吾今樂道不勝欽歎, 故論而言之, 諭而示之, 明而察之, 不失玄機.

아! 참으로 감탄할 일이로다. 그대들의 도를 물음이 어찌 이같이 밝고 밝은가. 비록 나의 서툰 글이 정밀한 뜻과 바른 종지(宗旨)에 미치지 못했을지라도, 사람을 바르게 하고 몸을 닦고, 재능을 기르고 마음을 바르게 함에 어찌 다른 길이 있겠는가.

무릇 천지의 무궁한 수와 도의 무극한 이치가 다 이 글에 실려 있으니, 오직 그대들은 공경히 이 글을 받아 성스러운 덕을 도우라. 나에게 이를 비유한다면 마치 단맛이 다른 맛과 잘 어울리고, 흰색이 다른 색을 잘 받아들이는 것과 같으니라. 내 지금 도를 즐거워하여 흠모하고 감탄함을 이기지 못하므로 논해 말하고 깨우쳐 보이니 밝게 살피어 현묘한 기틀을 잃지 말도록 하라.

修德文(수덕문)[6]

元亨利貞, 天道之常, 惟一執中, 人事之察, 故生而知之, 夫子之聖質, 學而知之, 先儒之相傳. 雖有困而得之, 淺見薄識, 皆由於吾師之盛德, 不失於先王之古禮.

余出自東方, 無了度日, 僅保家聲, 未免寒士. 先祖之忠義 節有餘於龍山, 吾王之盛德, 歲復回於壬丙. 若是餘蔭, 不絶如流, 家君出世, 名蓋一道, 無不士林之共知, 德承六世, 豈非子孫之餘慶.

6 이 수덕문은 수운 선생이 1862년 6월에 지은 것으로 보인다. 남원의 은적암을 떠나기 바로 전에 지었거나 혹은 남원을 떠나 경주 근교에 잠시 머물 때 지은 것으로 추정된다. 이 글은 제자들에게 수도의 마음가짐과 방향, 수칙을 제시하는 한편, 선생이 깨달은 도가 유학과 별반 다르지 않다는 것을 서술함으로써 유생들의 탄압을 막으려는 의도도 담겨 있다고 보여진다.

噫! 學士之平生, 光陰之春夢. 年至四十, 工知芭籬之邊物, 心無青雲之大道. 一以作歸去來之辭, 一以詠覺非是之句. 携筇理履, 悅若處士之行, 山高水長, 莫非先生之風. 龜尾之奇峯怪石, 月城金鰲之北, 龍湫之淸潭寶溪, 古都馬龍之西. 園中桃花, 恐知漁子之舟, 屋前滄波, 意在太公之釣. 檻臨池塘, 無違濂溪之志, 亭號龍潭, 豈非慕葛之心.

難禁歲月之如流, 哀臨一日之化仙, 孤我一命, 年至二八, 何以知之, 無異童子. 先考平生之事業, 無痕於火中, 子孫不肖之餘恨, 落心於世間, 豈不痛哉, 豈不惜哉.

원형이정(元亨利貞)[7]은 하늘의 도[天道]가 언제나 변함없이 떳떳함을 드러내는 것이요, 오직 한결같이 중도(中道)를 잡는 것은 사람이 마땅히 살펴야 할 일[人道]이다. 그러므로 나면서부터 아는 것은 공자님의 성인(聖人) 바탕이요, 배워서 아는 것은 옛 선비들이 서로 전해 온 바이다. 비록 힘들게 애써서 얻은 것이 소견이 얕고 짧은 지식이라도 다 우리 스승들의 훌륭한 덕[盛德]에서 나온 것이며, 선대 임금들의 옛 예법을 잃지 않은 데서 나온 것이다.

나는 조선에 태어나 하는 일 없이 세월을 보냈으니, 겨우 가문의

7 원형이정(元亨利貞) : 『주역(周易)』에서 말하는 천도(天道)의 네 가지 덕(德). 원(元)은 만물의 시초, 근원의 의미로, 사계절로는 봄에 속해 사람의 덕으로는 인(仁)에 해당하고, 형(亨)은 만물의 자라남을 의미하며, 계절로는 여름에 속해 사람의 덕으로는 예(禮)가 된다. 이(利)는 만물의 결실이 이루어진다는 의미로, 가을에 해당하며 사람의 덕으로는 의(義)가 되고, 정(貞)은 만물이 거두어져 고요해진다는 의미로, 겨울에 속해 사람의 덕으로는 지(智)에 해당한다. 요컨대 하늘의 도가 봄, 여름, 가을, 겨울과 같이 일정한 법칙으로 변함없이 항상됨을 의미한다. 그래서 천도를 한마디로 '원형이정'이라고 한다.

이름이나 보존했을 뿐이요 가난한 선비임을 면치 못했다. (그러나) 선조의 충성스러운 의리와 절개는 경주 용산에 남아 있고,[8] 우리 임금의 훌륭한 덕은 해가 임진년과 병자년이 다시 돌아오게 할 수 있었다. 이같이 조상의 음덕이 그치지 아니하고 물 흐르듯 하여 아버님이 세상에 나타나심에, 이름이 한 도(경상도 일대)를 덮었으니 선비들이 모르는 이가 없었다. 조상의 덕이 육대를 이었으니 어찌 자손들의 남은 경사가 아니겠는가.

아! 슬프다. 아버님의 한평생은 흘러가는 봄꿈과 같아서, 나이 사십에 이르러 그동안 공부한 것을 울타리 가에 버린 물건으로 아시고 마음에는 벼슬할 뜻을 단념하셨다. 한편으로는 귀거래사[9]를 지으시고, 한편으로는 각비시의 글귀[10]를 읊으셨다. 지팡이를 짚고 짚신을 신은 것은 마치 은둔한 처사의 행색 같았고, 산이 높고 물이 긴 것은 아버지의 풍모와 다름이 없었다. 구미산의 기이한 봉우리와 괴이한 돌은 월성 금오산 북쪽에 있고, 용추의 맑은 연못과 보배로운 시내는 옛 도읍지 경주 마룡동의 서쪽에 있다. 정원 가운데 복숭아꽃은 고기잡이 배가 발견할까 두려워함이요,[11] 집 앞에 푸른 물은 뜻이 강

---

8 수운 선생의 칠대조 최진립을 지칭하는 말임. 최진립 장군은 임진왜란과 정유재란에서 공을 세웠으며, 병자호란 때 용인의 험천에서 전사했다. 숙종 25년에 그 공을 기려 경주 남쪽 용산 아래 사당을 세웠으니 뒷날 용산서원이 되었다.

9 귀거래사(歸去來辭) : 진(晉)나라의 도연명(陶淵明)이 벼슬의 구차함을 꺼려 벼슬을 버리고 고향으로 돌아오면서 지은 노래.

10 각비시(覺非是) : 도연명의 「귀거래사」에 나오는 구절. "어제 벼슬에 있던 일은 잘못이고, 이제 고향으로 돌아가는 일은 옳다는 것을 깨달았다[覺今是而昨非]는 뜻.

11 도연명의 「도화원기」에 나오는 이야기. 어부가 배를 타고 계곡으로 올라가다 복숭아 꽃잎이 물에 흘러내려오는 것을 보고 그 꽃잎을 따라가서 무릉도원을 발견

태공의 낚시에 있었더라. 정자의 난간이 연꽃 핀 연못에 가 닿으니 주렴계의 뜻과 다름이 없고, 정자 이름을 용담이라 함은 제갈량을 사모하는 마음이 아니겠는가.

세월의 흘러감을 막을 길이 없어 하루아침에 아버님이 돌아가시는 슬픔을 당하니 외로운 나의 한 목숨이 나이 겨우 열여섯에 무엇을 알았으리오. 어린아이나 다름이 없었다. 아버지의 평생 일구신 재산과 서책은 화재로 불에 타 흔적마저 없어지고, 못난 자식의 여한은 세상에 대해 낙심할 뿐이었다. 어찌 슬프지 아니하며 어찌 애석치 아니한가.

心有家庭之業, 安知稼穡之役, 書無工課之篤, 意墜青雲之地, 家産漸衰, 未知末稍之如何, 年光漸益, 可歎身勢之將拙, 料難八字, 又有寒飢之慮. 念來四十, 豈無不成之歎, 巢穴未定, 誰云天地之廣大, 所業交違, 自憐一身之難藏. 自是由來, 擺脫世間之紛撓, 責去胸海之弸結.

龍潭古舍, 家嚴之丈席, 東都新府, 惟我之故鄕. 率妻子還捿之日, 己未之十月. 乘其運道受之節, 庚申之四月. 是亦夢寐之事, 難狀之言. 察其易卦大定之數, 審誦三代敬天之理, 於是乎, 惟知先儒之從命, 自歎後學之忘却. 修而煉之, 莫非自然, 覺來夫子之道則一理之所定也. 論其惟我之道則大同而小異也. 去其疑訝則事理之常然, 察其古今則人事之所爲.

했다는 이야기. 용담의 경관이 아름답다는 것을 강조한 표현.

不意布德之心, 極念致誠之端. 然而彌留, 更逢辛酉, 時維六月, 序屬三夏, 良朋滿座, 先定其法, 賢士問我, 又勸布德.

胸藏不死之藥, 弓乙其形, 口誦長生之呪, 三七其字. 開門納客, 其數其然, 肆筵設法, 其味其如. 冠子進退, 怳若有三千之班. 童子拜拱, 倚然有六七之詠. 年高於我, 是亦子貢之禮, 歌詠而舞, 豈非仲尼之蹈.

마음으로는 가정을 돌볼 생각이 있었지만 어찌 심고 거두는 일을 알며, 글공부를 독실히 하지 못했으니 벼슬할 생각이 없었다. 살림이 점점 어려워지니 나중에 어떻게 될지 알 수 없고, 나이 차차 많아가니 신세가 장차 궁졸해질 것을 걱정하게 되었다. 팔자를 헤아려보니 춥고 굶주릴 염려가 있고, 나이 사십이 된 것을 생각하니 어찌 아무런 일도 해놓은 것이 없음을 탄식하지 않을 수 있겠는가. 몸담을 곳을 정하지 못했으니 누가 천지가 넓고 크다고 했으며, 하는 일마다 서로 어긋나니 내 한 몸 간직하기가 어려움을 스스로 불쌍하게 여길 뿐이었다. 그러나 이로 말미암아 세상의 복잡하고 번거로운 일들을 모두 떨쳐버리고 가슴속에 얽히고 맺혔던 것들도 다 털어 버렸다.

용담의 옛집은 가친께서 가르치던 곳이요 신라의 서울이었던 경주는 오직 내 고향이니라. 처자를 거느리고 용담으로 돌아온 날은 기미년 시월이요 그 운수를 타고 도를 받은 때는 경신년 사월이었다. 이것 또한 꿈 같은 일이었고, 말로 형언하기 어려운 일이다.

주역괘의 대정수(大定數)[12]를 살펴보고 중국의 하(夏)·은(殷)·주(周) 삼대를 걸쳐 하늘을 공경한 이치를 자세히 읽어보니, 이에 오직 옛날 선비들이 하늘의 명에 순종한 것을 알겠고, 다만 후학들이 잊어버린 것을 스스로 탄식할 뿐이었다. 닦고 단련하니 스스로 그러한 이치가 아님이 없더라. 깨닫고 보니 공자의 도 또한 (하늘의 명을 공경하고 하늘의 이치를 순종한) 한 이치로 정해진 것이니, 우리 도와 비교해 논해 보면 대동소이하다고 할 수 있다. 의아한 마음을 버리니 사리가 분명해지고, 예와 오늘의 일을 살피니 사람이 마땅히 해야 할 바를 알겠더라.

하늘의 덕을 펼 마음은 두지 않고 지극히 정성드릴 일만 생각했다. 그렇게 미루어 오다가 다시 신유년을 만나니, 때는 유월이요 절기는 여름이었다. 좋은 벗들이 자리에 가득함에 먼저 도 닦는 법을 정했다. 어진 선비들이 나에게 도를 물으매 또한 덕을 펼 것을 권했다.

가슴에 불사약을 지녔으니 그 형상은 궁을(弓乙)이요, 입으로 장생하는 주문을 외우니 그 글자는 스물한 자라. 문을 열고 손님을 맞으니 그 수효가 그럴듯하며, 자리를 펴고 법을 베푸니 그 재미가 그럴듯했다. 갓을 쓴 어른들이 나아가고 물러가는 것은 마치 (공자의) 삼천 제자의 반열 같았고, 어린이들이 읍하고 절하는 것은 마치 (공자 제자 증석이) 육칠을 노래함과 같았다. 나이 많은 제자가 있으니 이는 마치 자공의 예와 같고, 노래하고 춤[13]을 추니 어찌 공자의 춤

---

12 대정수(大定數) : 주역에서 천지 자연의 법칙을 상징하는 수를 말함. 이 대정수에는 하늘을 상징하는 수인 천수(天數) 1,3,5,7,9가 있고 땅을 상징하는 지수(地數) 2,4,6,8,10이 있다. 천수를 모두 합치면 25, 지수는 30이다. 이를 합한 55라는 숫자에서 천지의 모든 변화가 생긴다고 한다.

과 다르라.

仁義禮智, 先聖之所教, 修心正氣, 惟我之更定. 一番致祭, 永侍之重盟, 萬惑罷去, 守誠之故也. 衣冠正齊, 君子之行, 路食手後, 賤夫之事. 道家不食, 一四足之惡肉, 陽身所害, 又寒泉之急坐. 有夫女之防塞, 國大典之所禁, 臥高聲之誦呪, 我誠道之太慢. 然而肆之, 是爲之則.

美哉, 吾道之行. 投筆成字, 人亦疑王羲之迹, 開口唱韻, 孰不服樵夫之前. 懺咎斯人, 慾不及石氏之貲, 極誠其兒, 更不羨師曠之聰. 容貌之幻態, 意仙風之吹臨, 宿病之自效, 忘盧醫之良名.

雖然, 道成德立, 在誠在人. 或聞流言而修之, 或聞流呪而誦焉, 豈不非哉, 敢不憫然. 憧憧我思, 靡日不切, 彬彬聖德, 或恐有誤, 是亦不面之致也, 多數之故也. 遠方照應而亦不堪相思之懷, 近欲敍情而必不無指目之嫌, 故作此章, 布以示之, 賢我諸君, 愼聽吾言.

大抵此道, 心信爲誠. 以信爲幻, 人而言之, 言之其中, 曰可曰否, 取可退否, 再思心定. 定之後言不信曰信, 如斯修之, 乃成其誠. 誠與信兮, 其則不遠. 人言以成, 先信後誠. 吾今明諭, 豈非信言. 敬以誠之, 無違訓辭.

'인의예지'는 옛 성인(공자)의 가르친 바요, '수심정기'는 오직

13 공자가 제자들에게 "각기 가슴에 담고 있는 뜻을 말해 보라" 하니 증석(曾晳)이라는 제자가 "갓을 쓴 어른 오육 인과 어린이 육칠 인을 데리고 기수(沂水)가에서 목욕하고, 무우(舞雩)에서 바람을 쐬고 시를 읊으며 돌아오고 싶습니다."라고 한 말을 인용한 것. 『논어(論語)』, 「선진(先進)」 편.

내가 다시 정한 것이다. 한번 입도식을 지내는 것은 하늘님을 길이 모시겠다는 중한 맹세요, 모든 의심을 깨쳐버려야 하는 것은 정성을 지켜야 하기 때문이다. 의관을 바로 갖추는 것은 군자의 행실이요, 길에서 먹으며 뒷짐지는 것은 천한 사람의 버릇이다. 우리 도에서 먹지 말아야 할 것은 한 가지, 네 발 짐승의 나쁜 고기요, 몸에 해로운 것은 또한 찬물에 갑자기 앉는 것이다. 유부녀를 취하는 것은 나라법으로도 금하는 것이요, 누워서 큰 소리로 주문 외우는 것은 나의 정성된 도에 태만함이다. 그러므로 이렇게 정했으니 이것으로 규칙을 삼도록 하라.

아름답도다, 우리 도의 행함이여. 붓을 들어 글을 쓰니 사람들이 왕희지의 필적인가 의심하고, 입을 열어 운을 부르니 누가 나무꾼 앞에서 머리를 숙이지 않겠는가. 허물을 뉘우친 사람은 욕심이 석숭의 재물도 탐내지 아니하고, 정성이 지극한 아이는 다시 사광의 총명도 부러워하지 않노라. 용모가 크게 바뀌니 마치 선풍이 불어온 듯하고, 오랜 병이 저절로 나으니 노의(편작) 같은 명의의 이름마저 잊게 하도다.

비록 그러하나 도를 이루고 덕을 세우는[道成德立] 것은 정성에 있고 사람에 달렸다. 혹은 떠도는 말을 듣고 닦으며 혹은 떠도는 주문을 듣고 외우니, 어찌 그릇된 일이 아니며 어찌 민망한 일이 아니겠는가. 안타까운 나의 심정은 날로 간절치 아니함이 없나니, 빛나는 거룩한 덕을 혹 그르칠까 염려하노라. 이것은 또한 직접 만나지 못한 탓이요, 사람이 많은 까닭이다. 먼 곳에서도 서로 마음과 마음은 비치어 응하지만 또한 그리운 회포를 이기지 못하겠고, 가까이 만나서 정회를 펴고자 하나 반드시 지목받을 염려가 없지 아니하므로 이 글을 지어 펴서 보이니, 어진 그대들은 나의 말을 신중히 듣도록 하라.

무릇 이 도는 마음으로 믿어야 정성이 나온다. 믿을 신(信) 자를 풀어 보면 '사람[人]의 말[言]'이라는 뜻이다. 사람의 말 가운데는 옳고 그름이 있으니, 그 중에서 옳은 말은 취하고 그른 말은 버리되, 거듭 생각하고 생각하여 마음을 정하라. 한번 마음을 정한 뒤에는 다른 말을 믿지 않는 것이 '믿음'이다. 이와같이 한 다음에 닦아야 마침내 그 정성을 이룰 것이다. 정성과 믿음, 그것을 이루는 법칙은 멀지 아니하다. 사람의 말로 이루는 것이니 먼저 믿고 뒤에 정성을 다하라. 내 지금 밝게 가르치니 어찌 믿을 만한 말이 아니겠는가. 공경하고 정성을 다해 내 말을 어기지 않도록 하라.

不然其然(불연기연)[14]

歌曰, 而千古之萬物兮, 各有成各有形, 所見以論之則其然而似然, 所自以度之則其遠而甚遠. 是亦杳然之事, 難測之言. 我思我則父母在

14 「불연기연」은 1863년 12월 10일 체포되기 바로 전인 11월에 집필한 선생의 마지막 글이라고 알려져 있다. 여기서 기연(其然)은 '그렇다'라는 의미로, 우리의 감관으로 경험할 수 있는 것이나 조금만 추론해 보면 알 수 있는 것을 말하고, 불연(不然)은 '그렇지 않다'라는 의미로, 이성적 추론이나 감각적 경험으로 알 수 없는 것을 말한다.

玆, 後思後則子孫存彼. 來世而比之則理無異於我思我, 去世而尋之則或難分於人爲人.

噫! 如斯之忖度兮. 由其然而看之則其然如其然, 探不然而思之則不然于不然. 何者. 太古兮天皇氏, 豈爲人豈爲王. 斯人之無根兮, 胡不曰不然也. 世間孰能無父母之人, 考其先則其然其然于其然之故也.

然而爲世, 作之君作之師, 君者以法造之, 師者以禮敎之. 君無傳位之君而法綱何受, 師無受訓之師而禮義安效. 不知也不知也. 生以知之而然耶, 無爲化也而然耶. 以知而言之, 心在於暗暗之中, 以化而言之, 理遠於茫茫之間.

夫如是則不知不然, 故不曰不然, 乃知其然, 故乃恃其然者也. 於是而揣其末, 究其本則物爲物理爲理之大業, 幾遠矣哉.

노래하기를, "먼 옛날부터 모든 만물은 제각기 이룸이 있고 제각기 형상이 있도다."라고 했다. 보는 바로 말하면 그렇고 그런 듯하나, 어디로부터 왔는지를 헤아리면 멀고도 심히 멀어, 이 또한 아득한 일이요 헤아리기 어려운 말이다. 나의 나 된 것을 생각하면 부모가 이에 계시고, 나의 뒤를 생각하면 자손이 저기 있다. 다가올 세상에 견주면 이치가 나의 나 된 것을 생각함에 다름이 없으나, 지나간 세상에서 찾으려 하면 사람이 어떻게 사람이 되었는가 분간키 어렵도다.

아! 이같이 헤아림이여. 그 그러함을 미루어 보면 기연(其然)은 기연이나 그 그렇지 않음을 찾아서 생각하면 불연(不然)은 불연이라. 왜 그런가. 아득한 옛날에 (최초의 임금인) 천황씨는 어떻게 사람이 되었으며 어떻게 임금이 되었는가. 이 사람의 근원을 알 수 없음이여, 어찌 불연이라고 이르지 않겠는가. 세상에 누가 부모 없는 사람이 있겠는가. 그 선조를 상고하면 그렇고 그렇고 또 그런 까닭이다.

그렇게 세상이 되어서 임금을 내고 스승을 내었으니 임금은 법을 만들고 스승은 예를 가르쳤다. 맨처음 임금은 자리를 전해 준 임금이 없건마는 법강을 누구에게 받았으며, 맨처음 스승은 가르침을 받은 스승이 없건마는 예의를 어디서 본받았을까. 알지 못하고 알지 못할 일이로다. 나면서부터 알아서 그러함인가, 자연히 화해서 그러함인가. 나면서부터 알았다 할지라도 마음은 어두운 가운데 있고, 자연히 화했다 해도 이치는 아득한 사이에 있도다.

무릇 이와 같은즉 불연은 알지 못하므로 불연을 말하지 못하고, 기연은 알 수 있으므로 이에 기연을 믿는 것이라. 이에 그 끝을 헤아리고 그 근본을 캐어본즉, 만물이 만물되고 이치가 이치된 큰 일이 얼마나 아득한 것이냐.

況又斯世之人兮, 胡無知胡無知. 數定之幾年兮, 運自來而復之. 古今之不變兮, 豈謂運豈謂復. 於萬物之不然兮, 數之而明之. 記之而鑑之. 四時之有序兮, 胡爲然胡爲然. 山上之有水兮, 其可然其可然. 赤子之穉穉兮, 不言之知夫父母, 胡無知胡無知. 斯世人兮, 胡無知. 聖人之以生兮, 河一淸千年, 運自來而復歟, 水自知而變歟. 耕牛之聞言兮, 如有心如有知, 以力之足爲兮, 何以苦何以死. 烏子之反哺兮, 彼亦知夫孝悌, 玄鳥之知主兮, 貧亦歸貧亦歸.

是故難必者不然, 易斷者其然. 比之於究其遠則不然不然又不然之事, 付之於造物者則其然其然又其然之理哉.

하물며 이 세상 사람들아, 어찌 알지 못하고 어찌 알지 못하는가. 천지의 운수가 정해진 지 몇 해런고, 시운이 스스로 와서 회복되도다. 예와 이제가 변치 않음이여, 어찌 시운이라 하며 어찌 회복이라 하는가. 만물의 불연이여, 헤어서 밝히고 기록하여 거울삼게 하리라. 사시의 차례가 있음이여, 어찌하여 그리 되었으며 어찌하여 그리 되었는고. 산 위에 물이 있음이여, 그것이 그럴 수 있으며 그것이 그럴 수 있는가. 갓난아기의 어리고 어림이여, 말은 못해도 부모를 알아보는데 어찌하여 알지 못하고 알지 못한다 하겠는가. 이 세상 사람이여, 어찌하여 알지 못하는가. 성인의 나심이여, 황하수가 천년에 한 번씩 맑아지는 것과 같으니, 운이 스스로 와서 회복되는 것인가, 물이 스스로 알고 변하는 것인가. 밭 가는 소가 사람의 말을 들음이여, 마음이 있는 듯하며 앎이 있는 듯하도다. 힘으로써 족히 할 수 있음이여, 왜 고생을 하며 왜 죽는가. 까마귀 새끼가 도로 먹임이여, 저것도 또한 효도와 공경을 알고, 제비가 주인을 앎이여, 가난해도 또 돌아오고 가난해도 또 돌아오도다.

이러므로 기필(期必)하기 어려운 것은 불연이요, 쉽게 판단할 수 있는 것은 기연이라. 먼 데를 캐어 견주어 생각하면 그렇지 않고 그렇지 않고 또 그렇지 않은 일이요, 조물자에 부쳐 보면 그렇고 그렇고 또 그러한 이치인저.

祝文(축문)[15]

生居朝鮮, 忝處人倫, 叩感 天地盖載之恩, 荷蒙日月照臨之德, 未曉歸眞之路, 久沉苦海, 心多忘失, 今玆聖世, 道覺先生, 懺悔從前之過, 願隨一切之善, 永侍不忘, 道有心學, 幾至修煉. 今以吉朝良辰, 淨潔道場, 謹以淸酌庶需, 奉請尙 饗.

(아무개는) 조선에 태어나 살면서 욕되이 인륜에 처해 천지의 덮고 실어 주는 은혜를 느끼며 일월이 비추어 주는 덕을 입었으나, 아직 참에 돌아가는 길을 깨닫지 못하고, 오랫동안 고해에 잠기어 마음에 잊고 잃음이 많았습니다. 이제 이 성세(聖世)에 도를 선생님께 깨달아 이전의 허물을 참회하고 일체의 선에 따라 영원토록 모셔 잊지 아니하길 바라, 도를 마음 공부에 두어 마침내 수련하는 데 이르렀습니다. 이제 좋은 날을 가려 도량을 깨끗이 하고, 삼가 맑은 술과 여러 가지 제물로써 받들어 청하오니 흠향하옵소서.

呪文 (주문)

先生呪文

降靈呪文: 至氣今至四月來

15 축문이란 '축원하는 글'이란 뜻이다. 축문은 천제(天祭)를 지낼 때나 치제(致祭)를 지낼 때 읽었다고 한다. 이 축문은 언제 지어졌는지 알 수 없으나, 1861년 6월 포덕을 할 무렵에 지어진 것으로 추정된다.

本呪文 : 侍 天主令我長生無窮無窮萬事知

弟子呪文

初學呪文: 爲 天主顧我情永世不忘萬事宜

降靈呪: 至氣今至願爲大 降

本呪文 : 侍 天主造化定永世不忘萬事知

선생주문

강령주문 : 지기금지사월래

(지극한 기운이 지금 여기 사월에 이르도다)

본주문 : 시 천주영아장생무궁무궁만사지

(하늘님을 모시니 나로 하여금 장생케 하시고 무궁무궁히 모든 이치를 알게 하시네)

제자주문

초학주문 : 위 천주고아정영세불망만사의

(하늘님을 위하니 나의 정을 돌아보시고, 언제나 잊지 않으니 모든 일이 형통하네)

강령주문 : 지기금지원위대 강

(지극한 기운이 지금 여기에 크게 내리기를 원하옵니다)

본주문 : 시 천주조화정영세불망만사지

(하늘님 모시니 조화로 (마음이) 정해지고 언제나 잊지 않으니 만사가 다 알아지네)

立春詩(입춘시)[16]

道氣長存邪不入, 世間衆人不同歸

도의 기운을 길이 보존함에 사특한 것이 들어오지 못하네,

(이제) 세간의 뭇사람들과 함께 휩쓸려 돌아가지 않으리.

絕句(절구)[17]

河清鳳鳴孰能知, 運自何方吾不知

平生受命千年運, 聖德家承百世業

龍潭水流四海源, 龜岳春回一世花

황하수 맑아지고 봉황새 우는 것을 누가 능히 알 것인가.

운수가 어느 곳으로부터 오는지를 내 알지 못하노라.

평생에 받은 천명은 천년 운수요,

성스런 덕의 우리 가문, 백세의 업을 계승했네.

용담의 물이 흐르니 네 바다의 근원이요,

구미산에 봄이 오니 온 세상이 꽃이로다.

---

16 수운 선생이 울산에서 1859년 음력 10월 고향 경주 용담으로 다시 돌아온 이듬해 입춘 때 지은 시이다. 도를 통하지 않으면 다시는 내려가지 않겠다는 굳은 결의가 담겨 있는 시이다.

17 앞의 두 구절은 1860년 11월경에 지은 시이고, 마지막 구절 "용담수류…"는 1863년 7월 23일 영덕에서 접을 정하고 나서 지은 시이다.

降詩(강시)

圖來三七字, 世間降盡魔
삼칠 자를 그려내니 세간의 삿된 것 다 항복하네.

座箴(좌잠)[18]

吾道博而約, 不用多言義, 別無他道理, 誠敬信三字.
這裏做工夫, 透後方可知, 不怕塵念起, 惟恐覺來知.
우리 도는 넓고도 간략하여 많은 말을 할 것이 아니니,
따로 별다른 도리가 없고 오직 성 · 경 · 신 석 자이니라.
이 속에서 공부하여 터득한 뒤에라야 마침내 알 것이니,
잡념이 일어나는 것을 두려워하지 말고,
오직 깨달아 만사지에 이르겠다는 것만 생각하라.

和訣詩(화결시)[19]

方方谷谷行行盡 水水山山箇箇知

18 1863년 4월에 영덕 직천에 사는 제자 강수(姜洙)가 찾아와 수도의 절차를 묻자 내려준 좌우명이다.
19 화결시란 수운 선생이 하늘님과 화답하며 쓴 결구의 시를 말한다. 이 시 중의 일

松松栢栢青青立 枝枝葉葉萬萬節,
老鶴生子布天下 飛來飛去慕仰極
運兮運兮得否 時云時云覺者
鳳兮鳳兮賢者 河兮河兮聖人
春宮桃李夭夭兮 智士男兒樂樂哉
萬壑千峯高高兮 一登二登小小吟
明明其運各各明 同同學味念念同
萬年枝上花千朶 四海雲中月一鑑
登樓人如鶴背仙 泛舟馬若天上龍
人無孔子意如同 書非萬卷志能大

방방곡곡 돌아보고 돌아보니, 물마다 산마다 낱낱이 알겠더라.

소나무 잣나무는 저마다 푸르게 서 있는데, 가지가지 잎새마다 만만 마디 다르구나.

늙은 학이 새끼쳐서 온 천하에 퍼뜨리니, 날아오고 날아가며 모앙(慕仰)함이 지극하도다.

운이여 운이여, 얻었느냐 얻지 못했느냐, 때가 말함이여 때가 말함이여 깨달은 자가 날 것이라.

봉황이여 봉황이여, 어진 사람이 나시리로다. 황하여 황하여, 이내 성인이 나시리로다.

부는 1862년 11월 중순경 경상도 홍해 매곡에 사는 손봉조(孫鳳祚)의 집에서 지은 것으로 나와 있다. 그러나 이 시는 한번에 지은 한 편의 시라기보다는 몇 편의 화결시를 합친 것으로 생각된다.

봄 궁전의 복숭아꽃 오얏꽃이 곱고도 고움이여, 지혜로운 사나이는 즐겁고 즐거워라.

깊은 골짜기 수많은 봉우리는 높고도 높을시고, 한 걸음 두 걸음 오르며 나직이 읊어보네.

밝고 밝은 그 운수는 저마다 밝을시고, 같고 같은 배움의 맛은 생각마다 같을러라.

만년 묵은 가지 위에 꽃이 피어 천 떨기요, 네 바다에 구름 달 거울처럼 빛나네.

누각에 오른 사람은 학의 등에 신선 같고, 떠 있는 배 안의 말은 승천하는 용 같아라.

사람은 저마다 공자가 아니로되 그 뜻은 같고, 글은 만 권을 읽지 못했어도 뜻은 능히 크도다.

片片飛飛兮 紅花之紅耶
枝枝發發兮 綠樹之綠耶
霏霏紛紛兮 白雪之白耶
浩浩茫茫兮 淸江之淸耶
泛泛桂棹兮 波不興沙十里
路遊閑談兮 月山東風北時
泰山之峙峙兮 夫子登臨何時
淸風之徐徐兮 五柳先生覺非
淸江之浩浩兮 蘇子與客風流

池塘之深深兮 是濂溪之所樂

綠竹之綠綠兮 爲君子之非俗

青松之青青兮 洗耳處士爲友

明月之明明兮 曰太白之所抱

耳得爲聲目色 盡是閑談古今

萬里白雪紛紛兮 千山歸鳥飛飛絶

東山欲登明明兮 西峯何事遮遮路

이리저리 흩날리는 꽃이여 붉고도 붉도다.

여리저기 돋아나는 나뭇가지여 푸르고 푸르도다.

펄펄 날리는 흰 눈이여 희고도 희도다.

넓고 아득한 맑은 강물이여 맑고도 맑도다.

두둥실 계수나무 노를 저어가니, 물결은 일지 않고 모래만 십리로다.

길에서 거닐며 한가로이 담소하니, 달이 산 동쪽에 솟고 바람이 북쪽에서 불어오네.

태산이 높고 높음이여, 공자께서 오른 것이 그 어느 때던가.

맑은 바람이 서서히 불어옴이여, 도연명이 지난날 벼슬한 잘못을 깨달은 그때 같고,

맑은 강이 넓고도 넓음이여, 소동파가 나그네와 풍류를 즐긴 그 곳 같구나.

연못이 깊고 깊음이여, 주렴계가 즐긴 바로다.

푸른 대나무가 푸르고 푸름이여, 군자의 속되지 아니함이며,

푸른 소나무의 푸르고 푸름이여, 귀 씻던 처사 허유를 벗삼음이로다.

밝은 달의 밝고 밝음이여, 이태백이 안으려던 달이로다.

귀에 닿는 것은 소리요 눈에 보이는 것은 한갓 풍광이건만,

이로써 한가로이 예와 이제를 말하노라.

온 세상에 흰 눈이 어지럽게 흩날림이여, 산으로 돌아가던 새의 행렬마저 끊어졌구나.

동쪽 산이 밝고 밝아 오르고자 함이여, 서쪽 봉우리들은 무슨 일로 길을 막고 막는고.

歎 道儒心急(도인들의 마음이 급함을 탄식함)[20]

山河大運, 盡歸此道, 其源極深, 其理甚遠,

固我心柱, 乃知道味, 一念在玆, 萬事如意.

消除濁氣, 兒養淑氣. 非徒心至, 惟在正心.

隱隱聰明, 仙出自然, 來頭百事, 同歸一理.

他人細過, 勿論我心, 我心小慧, 以施於人.

---

20 1861년 6월 이후 수운 선생이 포덕을 시작하자 사람들이 구름같이 몰려들었는데 이 중에는 마음 공부에는 관심이 없고 새로운 세상이 빨리 오기만을 염원하는 제자들이 많았던 것 같다. 이에 선생은 이 글을 통해 조급한 마음을 버리고, 오직 마음을 닦아 덕 있는 사람이 되는 것이 참된 수도(修道)라는 것을 보이고 있다.

如斯大道, 勿誠小事. 臨勳盡料, 自然有助.

風雲大手, 隨其器局, 玄機不露, 勿爲心急. 功成他日, 好作仙緣.

心兮本虛, 應物無迹. 心修來而知德, 德惟明而是道.

在德不在於人, 在信不在於工, 在近不在於遠, 在誠不在於求.

不然而其然, 似遠而非遠.

산하의 큰 운수가 다 이 도에 돌아오니

그 근원이 매우 깊고 그 이치가 심원하도다.

나의 심주(心柱)를 굳건히 해야 이에 도의 맛을 알고,

한 생각이 이에 있어야 만사가 뜻과 같이 되리라.

흐린 기운을 쓸어버리고 맑은 기운을 어린 아기 기르듯 하라.

한갓 마음이 지극할 뿐 아니라, 오직 마음을 바르게 하는 데 있느니라.

은은한 총명은 자연히 신선스럽게 나오고,

앞으로 오는 모든 일은 한 이치에 돌아가리라.

남의 작은 허물을 내 마음에 논란하지 말고,

나의 작은 지혜라도 사람에게 베풀라.

이와같이 큰 도를 작은 일에 정성드리듯 하지 말라.

큰일을 당하여 헤아림을 다하면 자연히 도움이 있으리라.

운을 타고 큰일은 하는 것은 그 사람의 기국(器局)에 달렸느니라.

현묘한 기틀이 드러나지 않더라도 마음을 조급히 하지 말라.

공을 이루는 먼 훗날에 좋은 연분을 맺으리라.

마음은 본래 비어서 만물에 응해도 자취가 없는 것이니라.
마음을 닦아야 덕을 알고, 덕을 오직 밝히는 것이 도이니라.
덕에 있고 사람에게 있는 것이 아니요,
믿음에 있고 공부에 있는 것이 아니요,
가까운 데 있고 먼 데 있는 것이 아니요,
정성에 있고 구하는 데 있는 것이 아니니
그렇지 않은 듯하나 그러하고, 먼 듯하나 멀지 않도다.

纔得一條路 步步涉險難
山外更見山 水外又逢水
幸渡水外水 僅越山外山
且到野廣處 始覺有大道
苦待春消息 春光終不來
非無春光好 不來卽非時
玆到當來節 不待自然來
春風吹去夜 萬木一時知
一日一花開 二日二花開
三百六十日 三百六十開
一身皆是花 一家都是春
겨우 한 가닥 길을 얻어 걸음걸음 험한 길 걸어가노라.
산 밖에 다시 산이 보이고 물 밖에 또 물을 만나도다.
다행히 물 밖에 물을 건너고 간신히 산 밖에 산을 넘어왔노라.
바야흐로 들 넓은 곳에 이르니 비로소 대도가 있음을 깨달았노라.

안타까이 봄소식을 기다려도 봄빛은 마침내 오지를 않네.

봄빛을 좋아하지 않음이 아니나 오지 아니하면 때가 아닌 탓이지.

비로소 올 만한 절기가 이르고 보면 기다리지 아니해도 자연히 오네.

봄바람이 불어 간밤에 일만 나무 일시에 알아차리네.

하루에 한 송이 꽃이 피고 이틀에 두 송이 꽃이 피네.

삼백 예순 날이 되면 삼백 예순 송이가 피네.

한 몸이 모두 꽃이면 온 집안이 모두 봄일세.

甁中有仙酒 可活百萬人

釀出千年前 藏之備用處

無然一開封 臭散味亦薄

今我爲道者 守口如此甁

병 속에 신선 술이 있으니 백만 사람을 살릴 만하도다.

빚어내긴 천 년 전인데 쓸 곳이 있어 간직하노라.

부질없이 한 번 봉한 것 열면 냄새도 흩어지고 맛도 엷어지네.

지금 우리 도를 하는 사람은 입 지키기를 이 병같이 하라.

訣(결)[21]

問道今日何所知 意在新元癸亥年

成功幾時又作時 莫爲恨晩其爲然

時有其時恨奈何 新朝唱韻待好風
去歲西北靈友尋 後知吾家此日期
春來消息應有知 地上神仙聞爲近
此日此時靈友會 大道其中不知心
도를 묻는 오늘, 아는 바가 무엇인가.
뜻은 계해년 새 아침에 있도다.
공을 이룬 얼마 만에 또 때를 지으니,
늦었다 한하지 말라, 그렇게 되는 것을.
때는 그 때가 있으니 한한들 무엇하리.
새해 아침에 운을 불러 좋은 소식 기다리노라.
지난 연말 서북에서 좋은 벗들이 찾아오더니
후일 알리라 이 집에서의 오늘 기약을.
봄 오는 소식 응당 알 수 있나니,
지상신선 소식 가까워 오네.
오늘 이 시간 좋은 벗들이 모였으니,
대도(大道) 그 가운데 알 수 없는 (묘한) 마음이로다.

---

21 결이란 곧 하늘님의 가르침을 받아 내놓는 말씀이라는 뜻으로 다소 예언적이고 잠언적 성격의 글이다. 1863년(계해) 정월 초하루에 경상도 홍해(興海) 매곡에 있는 제자 손봉조의 집에서 지은 짧은 시이다. 제자들과 함께 처음 접주제를 확립하고 1863년 새해를 맞이한 자리에서 새로운 결의와 동학의 장래를 읊은 것이다.

偶吟(우음)[22]

南辰圓滿北河回 大道如天脫劫灰
鏡投萬里眸先覺 月上三更意忽開
何人得雨能人活 一世從風任去來
百疊塵埃吾欲滌 飄然騎鶴向仙臺
淸霄月明無他意 好笑好言古來風
人生世間有何得 問道今日授與受
有理其中姑未覺 志在賢門必我同
天生萬民道又生 各有氣像吾不知
通于肺腑無違志 大小事間疑不在
馬上寒食非故地 欲歸吾家友昔事
義與信兮又禮智 凡作吾君一會中
來人去人又何時 同坐閑談願上才
世來消息又不知 其然非然聞欲先
雲捲西山諸益會 善不處卞名不秀
何來此地好相見 談且書之意益深
不是心泛久不此 又作他鄕賢友看
鹿失秦庭吾何群 鳳鳴周室爾應知
不見天下聞九州 空使男兒心上遊

22 '우음'이란 우연히 읊조리게 된 시라는 뜻이다. 1862년부터 1863년 사이 경북 지역들을 순회하면서 만난 제자들과의 감흥을 읊은 것으로 생각된다. 하나의 시라기보다, 그때 그때 지은 단편적인 시를 모은 것으로 생각된다.

聽流覺非洞庭湖 坐榻疑在岳陽樓

吾心極思杳然間 疑隨太陽流照影

남쪽 별이 둥글게 차고 북쪽 은하수가 돌아오면

대도(大道)가 하늘같이 큰 재앙에서 벗어나리라.

거울로 만리를 비추니 눈동자 먼저 깨닫고,

달이 삼경(三更)에 솟으니 뜻이 홀연히 열리도다.

누가 비를 얻어 능히 사람을 살릴 것인가.

한 세상 바람 따라 오고가는도다.

겹겹이 쌓인 티끌 내가 씻어버리고자

표연히 학을 타고 선대(仙臺)로 향하도다.

하늘 맑고 달 밝은 데 다른 뜻은 없고

좋은 웃음 좋은 말은 예로부터 풍속이라.

사람이 세상에 나서 무엇을 얻을 건가.

도를 묻으니 오늘 주고받는도다.

이치가 그 가운데 있으나 아직 못 깨달아도,

뜻이 어진 스승에 있으면 반드시 나와 같아지리.

하늘이 백성을 내시고 도 또한 내시었으나,

사람마다 기상의 다름을 나는 알지 못했네.

폐부를 관통해 뜻에 어긋남이 없으면,

크고 작은 일에 의심이 없네.

말 위에서 한식을 맞으니 고향땅 아니로다.

내 집에 돌아가 옛일을 벗하고 싶네.
의리와 믿음, 또한 예의와 지혜는
나와 그대의 한 번 만남 속에서 만들어지네.
오고가는 사람들과 아 또 어느 때일까.
같이 앉아 한담하며 큰 인물을 바라 볼까.
세상 되어오는 소식 또한 알지 못해,
그러한지 아닌지 앞서 듣고 싶어하네.
서산에 구름 걷히고 모든 벗 모였는데,
처변(處卞)을 잘못하니 이름이 빼어나지 못하더라.
아 어떻게 이곳까지 와서 반갑게 보고 있는건지,
도담(道談) 나누고 또 글로 적으면서 뜻이 더욱 깊어지는구나.
마음이 들떠 이곳에 오래 머물지 않은 것 아니라,
또 다른 마을에서 좋은 벗을 보고자 함이로다.

사슴이 진나라 뜰을 잃었다니 우리가 어떻게 무리를 지어 그 뜰을 회복할까.
봉황이 주나라에서 우니 (때가 왔음을) 너도 응당 알리라.
천하를 보지도 못하고 구주는 말로만 들었어도,
공연히 남아로 하여금 마음만 설레게 하네.
흐르는 물소리에 문득 동정호 아님을 깨닫고
책상머리에 앉은 채 악양루가 아닌가 의심하네.
내 마음 지극히 묘연한 사이를 생각하노니,
아득한 생각이 태양에 비친 그림자를 따라 흐르네.

八節(팔절)[23]

不知明之所在 遠不求而修我

不知德之所在 料吾身之化生

不知命之所在 顧吾心之明明

不知道之所在 度吾信之一如

不知誠之所致 數吾心之不失

不知敬之所爲 暫不弛於慕仰

不知畏之所爲 念至公之無私

不知心之得失 察用處之公私

밝음이 있는 바를 알지 못하거든, 멀리 구하지 말고 나를 닦으라.

덕이 있는 바를 알지 못하거든, 내 몸이 어디서 왔는지 헤아리라.

명(命)이 있는 바를 알지 못하거든, 내 마음의 밝고 밝음을 돌아보라.

도가 있는 바를 알지 못하거든, 내 믿음이 한결같은가 헤아리라.

정성이 이루어지는 바를 알지 못하거든, 내 마음을 잃지 않았나 헤아리라.

공경이 되는 바를 알지 못하거든 잠깐이라도 모앙함을 늦추지

---

23 앞의 팔절(전팔절)은 1863년(계해년) 11월에 불연기연을 짓고 나서 지은 것으로 알려져 있다. 여덟 개의 문장의 절(節)로 이루어졌기 때문에 '팔절'이라고 붙였다. 『도원기서』의 기록에 의하면 팔절의 구절을 각처로 보내 이 구절에 합당한 후절을 지어보내라고 했다고 한다. 수련에 중요한 지침이 되는 주요한 '개념'에 대해 깊이 성찰할 수 있도록 하고 있다. 뒤의 팔절 역시 11월에서 12월 초에 지은 것으로 추정된다. 수운의 체포가 12월 10일이기 때문이다.

말라.

두려움이 되는 바를 알지 못하거든 지극히 공변되게 하여 사사로움이 없는가 생각하라.

마음의 얻고 잃음을 알지 못하거든 마음 쓰는 곳의 공과 사를 살피라.

不知明之所在 送余心於其地

不知德之所在 欲言浩而難言

不知命之所在 理杳然於授受

不知道之所在 我爲我而非他

不知誠之所致 是自知而自怠

不知敬之所爲 恐吾心之寤昧

不知畏之所爲 無罪地而如罪

不知心之得失 在今思而昨非

밝음이 있는 바를 알지 못하거든 내 마음을 그 땅에 보내라.

덕이 있는 바를 알지 못하는 것은 말하고자 하나 넓어서 말하기 어렵기 때문이니라.

명(命)이 있는 바를 알지 못하는 것은 이치가 주고받는 데 묘연하기 때문이니라.

도가 있는 바를 알지 못하거든 내가 나를 위하는 것이요 다른 것이 아니니라.

정성이 이루어지는 바를 알지 못하는 것은 스스로 알면서도 게으르기 때문이니라.

공경이 되는 바를 알지 못하거든 내 마음의 거슬리고 어두움을 두려워하라.

두려움이 되는 바를 알지 못하거든 죄 없는 곳에서 죄 있는 것같이 하라.

마음의 얻고 잃음을 알지 못하거든 오늘에 있어 어제의 잘못을 생각하라.

題書(제서)[24]

得難求難 實是非難 心和氣和 以待春和

얻기도 어렵고 구하기도 어렵다고 하나 실은 이것이 어려운 것이 아니니,

마음이 화하고 기운이 화하여 봄같이 화해지기를 기다리라.

詠宵(영소)[25]

也羞俗娥翻覆態 一生高明廣漢殿

此心惟有淸風知 送白雲使藏玉面

---

24 1863년 11월경 경상도 북부 영해, 영덕 지방에 풍습(風濕)이 돌아 도인들이 어려움을 호소하자, 박하선(朴夏善)이라는 당시 접주의 청을 받고 쓴 시이다. 수운 선생이 한울님으로부터 제(題)를 받아 쓴 것이기 때문에 제목을 '제서'라고 했다.

항아가 세속에서의 번복한 꼴을 부끄럽게 여겨,
한평생 광한전에 높게 밝았노라.
이 마음 이런 줄을 맑은 바람만이 알고,
흰구름을 보내어 얼굴을 가리게 하네.

連花倒水魚爲蝶 月色入海雲亦地
杜鵑花笑杜鵑啼 鳳凰臺役鳳凰遊
白鷺渡江乘影去 皓月欲逝鞭雲飛
魚變成龍潭有魚 風導林虎故從風
風來有迹去無迹 月前顧後每是前
烟遮去路踏無迹 雲加峯上尺不高
山在人多不曰仙 十爲皆丁未謂軍
月夜溪石去雲數 風庭花枝舞蝴尺
入入房中風出外 舟行岸頭山來水
花扉自開春風來 竹籬輝疎秋月去
影沈綠水衣無濕 鏡對佳人語不和
연꽃이 물 속에 비추이니 고기가 나비처럼 꽃 속을 날고,
달이 바다에 비치니 구름 또한 땅인 듯 하구나.
두견꽃(진달래) 활짝 핀 곳에 두견새 울고,
봉황대를 짓는 곳에 봉황이 와서 노니는구나.

25 '영소'란 '밤의 정경을 노래하다'는 뜻이다. 1863년 가을에 지은 것으로 보인다. 마지막 구절은 수운 선생이 관에 체포되어 대구 감영에 갇혀 있을 때 지은 최후의 유시이다.

백로가 강 건널 때 제 그림자 타고 가고,
밝은 달이 가고자 하여 구름을 채찍질하네.

물고기가 변해 용이 되어도 못에는 물고기가 있고,
바람이 숲 속의 범을 끌어내었으나 도리어 바람이 범을 쫓아가네.
바람이 올 때는 자취가 있으나 가는 자취는 없고,
달 앞에서 뒤를 돌아보아도 언제나 앞이로다.
연기가 가는 길을 가리웠으나 밟아도 자취 없고,
구름이 봉우리 위에 덮였으나 한 자도 높아지지 않네.
산에 사람이 많아도 다 신선이라 이를 수 없고,
대열이 모두 장정이라 해도 군대라고 할 수 없네.

달밤에 냇가의 돌들을 지나는 구름이 헤아리고,
바람부는 뜰 꽃가지에 춤추는 나비가 자질하네.
사람이 방에 들면 바람은 밖으로 나가고,
배가 언덕머리로 가니 산이 물로 마주 오네.
꽃 사립문이 스스로 열림에 봄바람 불어오고,
대나무 울타리에 빛이 성기더니 가을 달이 가는구나.
그림자 푸른 물 속에 잠겼으나 옷은 젖지 아니하고,
거울에 아름다운 사람을 대했으나 말해도 화답치 못하네.

勿水脫乘美利龍 問門犯虎那無樹
半月山頭梳 傾蓮水面扇

烟鎖池塘柳 燈增海棹鉤
물 수(水) 탈 승(乘) 미리 룡(龍)
문 문(門) 범 호(虎) 나무 수(樹)
반달은 산머리의 빗이요,
기울어진 연잎은 수면의 부채로다.
연기는 연못가 버들을 가리우고,
등불은 바다 노 갈구리를 더했더라.

燈明水上無嫌隙 柱似枯形力有餘
등불이 물 위에 밝았으니 다른 의심이 없고,
기둥이 마른 것 같으나 힘은 남아 있도다.

筆法(필법)[26]

修而成於筆法 其理在於一心
象吾國之木局 數不失於三絶
生於斯得於斯故 以爲先東方
愛人心之不同 無裏表於作制
安心正氣始畫 萬法在於一點

26 1863년 3월 경주 용담정에서 지은 글이다. 이 필법은 단순히 글씨 쓰는 문제만이 아니라, 글을 쓰는 마음가짐을 통해 수도하는 마음의 자세. 나아가 나라의 운세까지 언급하고 있다.

前期柔於筆毫 磨墨數斗可也

擇紙厚而成字 法有違於大小

先始威而主正 形如泰山層巖

닦아서 필법을 이루니 그 이치가 한마음에 있도다.

우리나라는 목국(木局)을 상징하니 삼절의 수를 잃지 말아라.

여기서 나서 여기서 얻었는 고로 동방부터 먼저 하느니라.

세상 사람의 마음이 서로 같지 않음을 어여삐 살펴

다스릴 법제와 제도를 짓는 데 안팎이 없어야 하리라.

마음을 편안히 하고 기운을 바르게 하여 획을 시작하니

모든 법이 한 점에 있느니라.

먼저 붓 끝을 부드럽게 할 것이요, 먹은 여러 말[斗]을 가는 것이 좋으니라.

종이는 두터운 것을 택해서 글자를 쓰니,

법은 크고 작음에 다름이 있도다.

먼저 위엄으로 시작하여 바르기를 주로 하니

형상이 태산의 층암과 같으니라.

流高吟(유고음)[27]

高峯屹立 群山統率之像

流水不息 百川都會之意

明月虧滿 如節夫之分合

黑雲騰空 似軍伍之嚴威
地納糞土 五穀之有餘
人修道德 百用之不紆
높은 봉우리가 우뚝 솟은 것은 모든 산을 통솔하는 기상이요,
흐르는 물이 쉬지 않는 것은 모든 시내를 모으려는 뜻이니라.
밝은 달이 이지러지고 차는 것은 절개 있는 장부의 나뉘고 합하는 모습이요.
검은 구름이 공중에 떠오름은 군대의 위엄 같더라.

땅은 거름을 드려야 오곡의 남음이 있고,
사람은 도와 덕을 닦아야 모든 일이 얽히지 않느니라.

偶吟(우음)[28]

風過雨過枝 風雨霜雪來
風雨霜雪過去後 一樹花發萬世春
바람 지나고 비 지난 가지에 바람 비 서리 눈이 오는구나.
바람 비 서리 눈 지나간 뒤 한 나무에 꽃이 피면 온 세상이 봄이로다.

---

27 1862년 5~6월경 전라도 남원 은적암에서 지은 것으로 보인다. 제목의 '유고'는 이 시의 첫부분에 나오는 '고봉'의 고와 '유수'의 유를 따서 지은 것이라 생각된다.
28 우음이란 우연히 떠오른 시상을 읊은 시라는 뜻이다.

통문(通文)[29]

右文爲通諭事 當初敎人之意 病人勿藥自效 小兒得筆 輔聰化善其中 豈非世美之事也 已過數年 吾無禍生之疑 不意受辱於治賊之下者 此何厄也 是所謂難禁者惡言 不施者善行 若此不已 則無根說話 去益搆捏末流之禍 不知至於何境 況此若是善道 同歸於西夷之學 切非羞恥之事也 何以參禮義之鄕 何以參吾家之業乎 自此以後 雖親戚之病 勿爲敎人 而曾者傳道之人 竊査極覔 通于此意 盡爲棄道 更無受辱之弊 故玆明數行書 布以示之 千萬幸甚

다음과 같은 글로 통유하노라. 당초 사람들을 가르치고자 했던 뜻은 병든 사람에게 약을 쓰지 않아도 저절로 낫게 하고, 어린아이가 필력을 얻고 총명해지게 하여, 이런 가운데 잘 화하도록 하는 것이었으니, 이 어찌 세상의 아름다운 일이 아니겠는가. 이미 몇 년이 지나 나에게 화근이 생길 만한 혐의가 없었는데 뜻밖에 도적을 다스리는 자 밑에서 욕을 당했으니 이 무슨 액이란 말인가. 이렇게 된 것은 이른바 나쁜 말은 금하기 어렵고 선행은 실행하기 어려운 법 때문이어서 만약 이런 일이 그치지 아니하면 근거 없는 소문이 날이 갈수록 더해져 나중에 그 화가 어느 지경에 이를지 알 수 없을 것이니라. 더욱이 이 좋은 도(道)를 서양 오랑캐의 학(學)과 같은 것이라고 몰아가니 수치스러운 일이 아니고 무엇인가. 어찌 예와 의리의 고을에 낄

29 수운 선생은 1862년 9월 말경에 경주 관아에 체포되었다가 10월 초에 석방되었다. 이 일 직후에 제자들에게 보낸 글이 이 통문이다. 제자들에게 관의 지목을 받지 않도록 주의하라는 내용이다.

수 있으며 어찌 우리 가문의 전통에 부합하겠는가? 지금부터 이후로는 비록 가까운 친척의 병이라도 이 도를 가르치지 말며, 이미 전도한 사람은 조심스레 살피고 극진히 찾아보아 이 뜻을 통지하여 도를 버리도록 힘쓴다면 다시 욕을 당하는 폐단은 없을 것이다. 그러므로 이에 몇 줄 글을 밝혀 펴서 보이나니 참으로 다행한 일이로다.

통유(通諭)[30]

壹無通諭之事 而二有不然之端 故三有不得已之行 四有不忍情之書 千萬深量 無書中一失 施行如何. 前歲仲冬之行 本非遊江上之清風與山間之明月 察其世道之乖常 惟其指目之嫌 修其無極之大道 惜其布德之心 歲換月踰 幾至五朔. 入境之初 意只在此山客 不知雲深之處 童應指採藥之行 一以助工課之解弛 一以聞家事之否安 心有消遣之意 此日之光景 露蹤於三岐 遯名於一世 人心不知我心之故也 當初不善處卞之故也. 各處諸益 惑有事而來 惑無事而從 聞風而來者半 學論而處者半 客亦自知其一 主會不知其數 此將奈何. 如許窮山貧谷饔貧之道 都不過一二三家而已 宅若處多 則其惑不然 而産若饒居 則窟中有樂. 然而 況此若然之中 老人以詩而心動 少年以禮而强挽 何者 以詩心動 都非心動 學勸拱扶之心也 以禮强挽 不啻强挽 難忍謀

30 수운 선생이 1862년 3월경에 남원 은적암에서 제자들에게 수도에 전념할 것을 당부하며 보낸 글이다.

忠之誼也 主人孰能無子貢之心 從客亦誤之孟嘗之禮 豈不歎哉 豈不惜哉. 雖有裘度之資 吾不堪吾事 雖有百結之憂 人亦忘人事 若此不已 則末由不知何境 故不日發程 豈非憫然之事也. 當此潦雨之節 揚風灑雨 草長衣添 不足惜也 竟顧良朋之懸 望恒在不已之中 故玆以數行書 慰以諭之 以此恕諒如何. 歸期似在初冬 勿爲苦俟 極爲修道 以待良時好面 千萬企望.

첫째는 통유할 일이 없으나, 둘째는 그렇지 아니한 단서가 있어, 그런 까닭에, 셋째는 부득이 행함이 있으며, 넷째는 참을 수 없는 정(情)으로 글을 쓰노니, 깊이 헤아려 글 가운데 단 하나라도 잃어버리지 말고 실행하는 것이 어떻겠는가. 지난해(1861) 11월에 길을 떠난 것은 본래 강가의 맑은 바람과 산 속의 밝은 달을 즐기려 함이 아니라 법도를 벗어난 세상을 살피기 위함이었고, 지목당할 것을 염려해 무극한 큰 도를 닦아 덕을 펴고자 하는 마음을 애석하게 여겼기 때문인데 벌써 해가 바뀌고 달이 지나 거의 다섯 달에 이르렀다. 처음 이곳에 들어올 때의 뜻은 다만 이 산에 있으면서, 구름이 덮인 깊은 곳이기 때문에 다른 사람들이 나의 있는 곳을 알지 못할 것이고, 어디 있느냐고 물어도 다만 동자가 약초 캐러 갔다고, 손가락으로 먼 곳을 가리킬 만한 곳이라고 생각했기 때문이다.

그런데 한편으로는 집안의 안부를 물어 시름을 달래고자 하는 마음도 있었다. 오늘의 광경은 자취가 세 갈래로 드러나는데도 이름은 오히려 세상에서 숨겨야 하니 사람들이 내 본의를 알지 못하기 때문이요 당초에 처신을 잘못했기 때문이다. 각지 사람들이 어떤 이는 볼일이 있어 찾아오고 어떤 이는 일이 없어도 따라오니 소문을 듣고 오는 사람이 절반이요 배우고 토론하기 위해 머무는 이들이 절반이었다. 찾아오는 사람은 제 한 사람인 줄 알지만 주인은 헤아릴 수 없이 많은 손님을 만나야 하니 장차 이 일을 어찌할 것인가. 이처럼 궁벽하고 가난한 산골에서 손님을 맞이할 방도는 불과 한두 서너 집이 있었을 뿐이다. 집이라도 여러 채 있으면 혹시 그렇지 않을 수 있고 산출이 만약 풍요한 곳이라면 굴 속에서라도 즐길 수 있을 것이리라. 그런데 하물며 이런 가운데 노인은 시로써 마음을 움직이고 소년은 예로써 이끈다 했으니 이것이 무슨 일인가.

시로써 마음을 움직이는 것은 마음을 움직이려는 것이 아니고, 배움을 권하고, 붙잡고 도와 주려는 마음이요, 예로써 이끈다는 것도 참으로 이끌려는 것이 아니라 충정을 다하려는 정을 참기 어려웠기 때문이다. 그 어떤 주인이 자공의 마음이 없었겠으며 오는 손님들 역시 맹산군의 예를 잘못 알고 있었으니 이 어찌 한탄스럽지 않으며 이 어찌 애석하지 않을 수 있었겠는가. 비록 배도(裵度)의 재물이 있어도 나는 내 일을 감당하지 못했을 것이요, 비록 백결 선생과 같은 근심이 있었더라도 사람들은 그 일을 잊어버렸을 것이다. 만약 이런 일이 그치지 아니하면 그 결과가 어느 지경에 미칠지 알 수 없었기 때문에 바로 길을 떠났으니 이 어찌 민망한 일이 아니었겠는가.

비가 많은 계절을 당해 바람 불고 비가 뿌려 길게 자란 풀이 옷 적시는 것은 족히 걱정할 것이 못 되어 마침내 멀리 떨어져 있는 벗들을 돌아보며 공부를 그치지 않기를 바라는 마음에서 몇 줄 글을 써서 위로하고 타이르나니 용서하고 이해함이 어떠한가. 돌아갈 날

짜는 초겨울이 될 듯하니 너무 기다리지 말고 극진히 수도해 좋은 시절에 웃는 얼굴로 만날 수 있도록 기다리기를 간절히 바라노라.

布德式

人有願入者 則先入者 傳道之時 正衣冠 禮以授之事

入道式

入道之時 或向東或向北設位 致誠行祀 焚香四拜後 以初入呪文 敬以受之事

致祭式

入道後 致祭節次 設位四拜後 讀祝而卽誦 降靈呪及本呪文事

祭需式

設其禮酒餠麵 魚物果種 脯藿菜蔬 香燭用之 而以肉種論之 雉則例用 猪則或用 祭需之多少 隨其力行之也 先生 布德之初 以牛羊猪肉通用矣 至於癸亥八月 先生顧予 傳道之日 此道兼儒佛仙 三道之敎 故不用肉種事

포덕식

입도를 원하는 사람은 먼저 입도한 사람이 도를 전할 때, 옷차림을 단정하게 하고 예의를 갖춰 받을 것.

입도식

입도할 때는 동쪽이나 북쪽으로 위패를 마련하고 정성을 다해 의식을 행하며 향을 사르고 네 번 절한 뒤에 입도자가 주문(초학주문)을 공경하며 받을 것.

치제식

입도한 뒤 치제의 절차는 위패를 마련해 네 번 절한 뒤에 축문을 읽고 나서 바로 강령주문과 본주문을 외울 것.

제수식

제사용 술과 떡과 국수, 생선과 각종 과일, 포와 튀각과 채소, 향과 초를 쓴다. 고기 종류에 대해 말하면 꿩고기는 언제나 쓰고 돼지고기는 때에 따라 쓰도록 할 것이며 제수의 많고 적음은 형편 닿는 대로 한다.

선생(수운)께서 처음 포덕할 때는 쇠고기와 염소고기 돼지고기를 항상 썼으나 1863년 8월 선생께서 나(해월)에게 도를 전해 주시는 날에 우리 도는 유불선 삼교를 겸한 것이라는 가르침이 계셨기 때문에 고기를 쓰지 않도록 한다.

발문(跋文)

於戱 先生布德當世 恐其聖德之有誤 及于癸亥 親與時亨 常有鋟梓之

教 有志未就 越明年甲子不幸之後 歲沈道微 迨將二十餘年之久矣 而極念前日之敎命 謹與同志 發論詢約 數年前 自東峽與木川 雖是齊誠刊出 實無慶州之板刻爲名 此亦似欠於道內 而惟我慶州 本先生受道之地 布德之所 則似不可不 以慶州刊出爲名 故自湖西公州接內 發論設施 與嶺南東峽 幷力刊出 以著无極之經編 而謹與二三同志 不顧世嫌 掃萬除百 誓同極力 大成剞劂之功 玆豈非慕先生之敎 而遂弟子之願哉 特以三人別錄于篇左

歲在癸未仲夏道主 月城崔時亨謹誌

道主 崔時亨

成虞鏞

尹相鎬

李萬基

接主 黃在民

金善玉

金時鳳

有司 安敎善

尹相五

아! 선생께서 포덕하실 당시에 하늘님의 성스러운 덕이 잘못됨이 있을까 두려워, 계해년에 이르러 친히 시형(時亨)과 더불어 항상 책으로 출간하라는 가르침이 계시었다. 뜻은 있으나 시행하지 못하고 지내다가, 그 다음해를 또 넘기어 갑자년에 불행한 일을 당한 이후에, 세월은 침전되고 도는 미미해졌다. 그후 이십여 년의 오랜 세월에 이르도록, 지난날의 가르침을 지극히 생각하여, 삼가 동지들과 더불어 논의를 일으키고 약조를 꾀해 수년 전부터 동쪽 골짜기 지역과 목천(木川)에서부터, 비록 정성을 모아 출간했으나 실로 경주 판각으로 이름이 된 것은 없어서, 이 역시 우리 도내의 흠과도 같았다. 오직 우리 경주는 본래 선생님께서 도를 받으신 곳이고, 또 포덕하신 곳이다. 그러므로 불가불 경주 간출로 이름을 삼고자 하여, 호서 지역 공주 접내로부터 논의를 일으키고 실시하여 영남 지역의 동쪽 골짜기 지역과 아울러 힘써 출간하여, 무극의 경편을 편찬했다. 삼가 두세 동지와 더불어 세상으로부터 받는 오해와 혐의는 염두에 두지 않고, 모든 일을 제쳐놓고 맹세하여 한가지로 지극히 힘을 들여, 목판으로 새기는 공을 크게 이루었으니, 이는 어찌 선생의 가르침을 사모하여 제자의 원을 이루는 것이 아니겠는가. 특히 세 사람으로서 편(篇)의 왼편에 별도로 기록했다.

계해년 한여름에 도주(道主) 월성(月城) 최시형(崔時亨)은 삼가 기록한다.

도주 최시형
성우용
윤상호
이만기
접주 황재민
김선옥
유사 안교선
윤상오

2

용담유사(龍潭遺詞)

교훈가(敎訓歌)[1]

1. 왈이자질[2] 아이들아 경수차서[3] 하였어라
너희도 이 세상에 오행으로 생겨나서
삼강을 법을 삼고 오륜에 참예해서
이십 살 자라나니 성문고족[4] 이 내 집안
병수 없는 너의 거동 보고 나니 경사로다
소업[5] 없이 길러 내니 일희일비 아닐런가

1 교훈가는 1861년 11월 유생들의 음해와 경주 관아의 탄압을 피하기 위해 길을 떠나 남원으로 가던 도중에 지은 것으로 추정된다. 집안의 손아랫사람들에게 전하는 방식으로 지난날에 대한 회고, 특히 용담에 들어오기 전의 험한 고생과 사십 평생 아무 이룬 것 없이 용담으로 돌아와 굳은 맹세를 하고 수도 정진하여 마침내 무극대도를 받아낸 감격스러운 심정을 매우 실감나게 노래하고 있다.

2 왈이자질(日爾子姪) : 말하노니 너희 아들들과 조카들아.

3 경수차서(敬受此書) : 공경히 이 글을 받으라.

4 성문고족(盛門高族) : 가문이 홍성하고 좋은 집안.

2. 내 역시 이 세상에 자아시[6] 지낸 일을
역력히 생각하니 대저 인간 백천만사
행코 나니 그뿐이오 겪고 나니 고생일세
그 중에 한 가지도 소업 성공 바이 없어
흉중에 품은 회포 일소일파[7] 하온 후에
이 내 신명 돌아보니 나이 이미 사십이오
세상 풍속 돌아보니 여차여차 우여차라
아서라 이 내 신명 이밖에 다시 없다
구미용담[8] 찾아들어 중한 맹세 다시 하고
부처[9]가 마주 앉아 탄식하고 하는 말이
대장부 사십 평생 해음없이[10] 지내나니
이제야 할 길 없네 자호 이름 다시 지어
불출산외[11] 맹세하니 기의심장[12] 아닐런가

3. 슬프다 이 내 신명 이리 될 줄 알았으면

---

5 소업(所業) : 일정한 직업.
6 자아시(自兒時): 어릴 때부터
7 일소일파(一笑一罷) : 한번 크게 웃어 떨쳐 버림.
8 구미용담(龜尾龍潭) : 경주 구미산 아래에 있는 정자 이름. 이곳에서 경신년(1860) 4월 5일 도를 받음.
9 부처(夫妻) : 남편과 아내.
10 해음없이 : 하염없이, 하는 일 없이.
11 불출산외(不出山外) : 수운이 1859년에 다시 경주 용담으로 들어온 후 도를 통하지 않으면 다시는 세상에 내려가지 않겠다고 한 굳은 결의를 가리킴.
12 기의심장(其意深長) : 그 뜻이 의미 심장함.

윤산[13]은 고사하고 부모님께 받은 세업
근력기중[14] 하였으면 악의악식[15] 면치마는
경륜이나 있는듯이 효박[16]한 이 세상에
혼자 앉아 탄식하고 그럭저럭 하다가서
탕패산업[17] 되었으니 원망도 쓸데없고
한탄도 쓸데없네 여필종부[18] 아닐런가
자네 역시 자아시로 호의호식하던 말을
일시도 아니 말면 부화부순[19] 무엇이며
강보[20]에 어린 자식 불인지사[21] 아닐런가
그 말 저 말 다 던지고 차차차차 지내보세
천생만민[22] 하였으니 필수지직[23] 할 것이오
명내재천[24] 하였으니 죽을 염려 왜 있으며
하늘님이 사람 낼 때 녹 없이는 아니 내네
우리라 무슨 팔자 그다지 기험[25]할꼬

---

13 윤산(潤産) : 재산을 불림.
14 근력기중(勤力其中) : 그 가운데 부지런히 힘씀.
15 악의악식(惡衣惡食) : 거친 옷과 음식.
16 효박(淆薄) : 인정이나 풍속이 아주 각박함.
17 탕패산업(蕩敗産業) : 집안 살림을 다 써서 없앰.
18 여필종부(女必從夫) : 아내는 반드시 남편의 뜻을 따름.
19 부화부순(夫和婦順) : 부부 간에 화순함.
20 강보(襁褓) : 아기를 싸는 포대기.
21 불인지사(不忍之事) : 차마 참기 어려운 일.
22 천생만민(天生萬民) : 하늘이 온 백성을 냄.
23 필수지직(必授之職) : 반드시 그에게 직업을 줌.
24 명내재천(命乃在天) : 목숨은 곧 하늘에 있음.

부하고 귀한 사람 이전 시절 빈천이오
빈하고 천한 사람 오는 시절 부귀로세
천운이 순환하사 무왕불복[26]하시나니
그러나 이 내 집은 적선적덕[27]하는 공은
자전자시 고연[28]이라 여경[29]인들 없을소냐
세세유전 착한 마음 잃지 말고 지켜내서
안빈낙도 하온 후에 수신제가 하여 보세
아무리 세상 사람 비방하고 원망 말을
청이불문[30]하여 두고 불의지사[31] 흉한 빛을
시지불견[32] 하여 두고 어린 자식 효유[33]해서
매매사사 교훈하여 어진 일을 본을 받아
가정지업 지켜내면 그 아니 낙일런가

4. 이러그러 안심해서 칠팔삭 지내나니
꿈일런가 잠일런가 무극대도 받아내어
정심수신[34] 하온 후에 다시 앉아 생각하니

---

25 기험(崎險) : 팔자가 사나움.
26 무왕불복(無往不復) : 가고 돌아오지 않음이 없음.
27 적선적덕(積善積德) : 남에게 좋은 일을 많이 하고, 덕을 많이 베풂.
28 자전자시 고연(自前自是 固然) : 이전부터 그러함.
29 여경(餘慶) : 남에게 좋은 일을 많이 한 대가로 뒷날 자손이 받는 경사.
30 청이불문(聽而不聞) : 들려도 듣지 아니하고.
31 불의지사(不義之事) : 의롭지 못한 일.
32 시지불견(視之不見) : 보여도 보이지 아니하는 듯.
33 효유(曉諭) : 알아듣게 타이름. 깨닫도록 일러줌.

우리 집안 여경인가 순환지리[35] 회복인가
어찌 이리 망극한고 전만고 후만고[36]를
역력히 생각해도 글도 없고 말도 없네
대저 생령 많은 사람 사람 없어 이러한가
유도 불도 누천 년에 운이 역시 다했던가
윤회같이 둘린 운수 내가 어찌 받았으며
억조창생 많은 사람 내가 어찌 높았으며
일세상[37] 없는 사람 내가 어찌 있었던고
아마도 이 내 일은 잠자다가 얻었던가
꿈꾸다가 받았던가 측량치 못할러라
사람을 가렸으면 나만 못한 사람이며
재질을 가렸으면 나만 못한 재질이며
만단의아[38] 두지마는 ᄒᆞ놀님이 정하시니
무가내[39]라 할 길 없네 사양지심 있지마는
어디 가서 사양하며 문의지심 있지마는
어디 가서 문의하며 편언척자[40] 없는 법을
어디 가서 본을 볼꼬 묵묵부답 생각하니

---

34 정심수신(正心修身) : 마음을 바르고 하고 몸을 닦음.
35 순환지리(循環之理) : 사물의 성하고 쇠함이 서로 바뀌어 순환하는 이치.
36 전만고 후만고(前萬古後萬古) : 끝없는 과거와 끝없는 미래.
37 일세상: 한세상. 전체 세상.
38 만단의아(萬端疑訝) : 여러 가지로 의심스럽고 분별하기 어려움.
39 무가내(無可奈) : 어찌할 수 없음.
40 편언척자(片言隻字) : 몇 마디의 말과 몇 개의 글자.

고친 자호 방불하고 어린듯이 앉았으니
고친 이름 분명하다

5. 그럭저럭 할 길 없어 없는 정신 가다듬어
ᄒᆞ늘님께 아뢰오니 ᄒᆞ늘님 하신 말씀
너도 역시 사람이라 무엇을 알았으며
억조창생 많은 사람 동귀일체[41] 하는 줄을
사십 평생 알았더냐 우습다 자네 사람
백천만사 행할 때는 무슨 뜻을 그러하며
입산한 그 달부터 자호 이름 고칠 때는
무슨 뜻을 그러한고 소위 입춘 비는 말은
복록은 아니 빌고 무슨 경륜 포부 있어
세간중인 부동귀[42]라 의심 없이 지어내어
완연히 붙여두니 세상 사람 구경할 때
자네 마음 어떻던고 그런 비위 어디 두고
만고 없는 무극대도 받아놓고 자랑하니
그 아니 개자[43]한가 세상 사람 돌아보고
많고많은 그 사람에 인지재질 가려내어

---

41 동귀일체(同歸一體) : 한 마음, 한 이치로 돌아간다는 뜻.

42 세간중인 부동귀(世間衆人不同歸) : "세상의 뭇 사람과 함께 돌아가지 않겠다," 즉 도를 통하기 전에는 세상에 내려가지 않겠다는 강한 다짐이 담긴 최제우의 「입춘시(立春詩)」의 한 구절.

43 개자(愷悌) : 용모와 기상이 화락하고 단아함.

총명 노둔 무엇이며 세상 사람 저러하여
의아 탄식 무엇인고 남만 못한 사람인 줄
네가 어찌 알았으며 남만 못한 재질인 줄
네가 어찌 알잔 말고 그런 소리 말았어라
낙지이후[44] 첨이로다 착한 운수 둘러놓고
포태지수[45] 정해 내어 자아시 자라날 때
어느 일을 내 모르며 적세만물[46] 하는 법과
백천만사 행하기를 조화 중에 시켰으니
출등인물[47]하는 이는 비비유지[48] 아닐런가
지각 없는 세상 사람 원한듯이 하는 말이
아무는 이 세상에 재승박덕 아닐런가
세전산업[49] 탕패하고 구미용담 일정각에
불출산외[50] 하는 뜻은 알다가도 모를러라
가난한 저 세정에 세상 사람 한데 섞여
아유구용[51] 한다 해도 처자보명[52] 모르고서

---

44 낙지이후(落地以後) : 사람이 이 세상에 난 이후.

45 포태지수(胞胎之數) : 태어날 운수.

46 적세만물 : 천도교 경전에는 적세만물이라 되어 있으나 격치만물(格致萬物)로 봐야 할 듯. 만물의 이치를 탐구함.

47 출등인물(出等人物) : 보통 사람보다 뛰어남.

48 비비유지(比比有之) : 드물지 아니하고 흔히 있음.

49 세전산업(世傳産業) : 대대로 전해 내려오는 살림살이.

50 불출산외(不出山外) : 기미년(1859년) 4월에 다시 경주 용담으로 돌아와서 도를 통하지 않으면 산을 내려가지 않겠다는 굳은 결의를 하고 수도에 정진한 일을 가리킴.

51 아유구용(阿諛苟容) : 남에게 아첨하여 구차스럽게 구는 모양.

가정지업 지켜내어 안빈낙도 한단 말은
가소절창[53] 아닐런가 이 말 저 말 붕등해도[54]
내가 알지 네가 알까 그런 생각 두지 말고
정심수도 하였어라 시킨 대로 시행해서
차차차차 가르치면 무궁 조화 다 던지고
포덕천하[55] 할 것이니 차제도법[56] 그뿐일세
법을 정코 글을 지어 입도한 세상 사람
그날부터 군자 되어 무위이화[57] 될 것이니
지상신선 네 아니냐

6. 이 말씀 들은 후에 심독희자부[58]로다
그제야 이 날부터 부처가 마주앉아
이 말 저 말 다 한 후에 희희낙담[59] 그뿐일세
이제는 자네 듣소 이 내 몸이 이리 되니
자소시[60] 하던 장난 여광여취[61] 아닐런가

52 처자보명(妻子保命) : 가족을 부양함.
53 가소절창 : 창자가 끊어지도록 우스운 일.
54 붕등해도 : 들끓어도, 떠들썩해도.
55 포덕천하(布德天下) : 하늘의 덕을 세상에 폄.
56 차제도법(次第道法) : 도를 닦는 차례와 방법.
57 무위이화(無爲而化) : 인위적으로 하지 않아도 자연한 가운데 저절로 이루어짐.
58 심독희자부(心獨喜自負) : 마음에서 남모르는 기쁨과 희열이 벅차 오름.
59 희희낙담(喜喜樂談) : 매우 기뻐서 즐겁게 이야기함.
60 자소시(自少時) : 어렸을 때로부터.
61 여광여취(如狂如醉) : 미친 듯 취한 듯.

내 역시 하던 말이 헛말이 옳게 되니
남아 역시 출세후[62]에 장난도 할 것이오
헛말인들 아니할까 자네 마음 어떠한고
노처[63]의 거동 보소 묻는 말은 대답잖고
무릎 안고 입 다시며 세상 소리 서너 마디
근근히 끌어내어 천장만 살피면서
꿈일런가 잠일런가 허허세상 허허세상
다 같이 세상 사람 우리 복이 이러할까
ᄒᆞ늘님도 ᄒᆞ늘님도 이리 될 우리 신명
어찌 앞날 지낸 고생 그다지 시키신고
오늘사 참말이지 여광여취 저 양반을
간 곳마다 따라가서 지질한 그 고생을
눌로 대해 그 말이며 그 중에 집에 들면
장담같이 하는 말이 그 사람도 그 사람도
고생이 무엇인고 이 내 팔자 좋을진댄
희락은 벗을 삼고 고생은 희락이라
잔말 말고 따라가세 공로[64]할 내 아니라
내 역시 어척 없어[65] 얼굴을 뻔히 보며
중심에 한숨지어 이적지[66] 지낸 일은

62 출세후(出世後) : 세상에 태어난 후.
63 노처(老妻) : 늙은 아내.
64 공로(空老) : 아무 일도 못하고 헛되이 늙음.
65 어처구니 없어. 어이없어.

다름이 아니로다 인물 대접 하는 거동
세상 사람 아닌듯고 처자에게 하는 거동
이 내 진정 지극하니 천은이 있게 되면
좋은 운수 회복할 줄 나도 또한 알았습네
일소일파 하온 후에 불승기양[67] 되었더라

7. 그럭저럭 지내다가 통개중문[68] 하여 두고
오는 사람 가르치니 불승감당[69] 되었더라
현인군자 모여들어 명명기덕[70] 하여내니
성운성덕[71] 분명하다

8. 그 모르는 세상 사람 승기자[72] 싫어할 줄
무근설화[73] 지어내어 듣지 못한 그 말이며
보지 못한 그 소리를 어찌 그리 자아내서
향안설화[74] 분분한고 슬프다 세상 사람
내 운수 좋자 하니 네 운수 가련할 줄

---

66 지금까지.
67 불승기양(不勝氣揚) : 그 득의한 마음을 이길 수 없음.
68 통개중문(洞開重門) : 굳게 닫혔던 문을 활짝 열어 젖힘.
69 불승감당(不勝堪當) : (숫자가 너무 많아) 능히 감당할 수 없음.
70 명명기덕(明明其德) : 하늘의 덕[天德]을 밝히고 밝힘.
71 성운성덕(盛運盛德) : 확 트인 운수와 성대한 덕.
72 승기자(勝己者) : 자기보다 나은 사람.
73 무근설화(無根說話) : 근거 없고 터무니없는 이야기.
74 향안설화 : 마을[鄉] 안에 떠도는 이야기.

네가 어찌 알잔 말고 가련하다 경주향중
무인지경 분명하다 어진 사람 있게 되면
이런 말이 왜 있으며 향중 풍속 다 던지고
이 내 문운 가련하다 알도 못한 흉언괴설
남보다가 배나하며[75] 육친이 무삼 일고
원수같이 대접하며 살부지수[76] 있었던가
어찌 그리 원수런고 은원 없이 지낸 사람
그 중에 싸잡혀서 또 역시 원수되니
조걸위학[77]이 아닌가

9. 아무리 그리해도 죄 없으면 그뿐일세
아무리 그리하나 나도 세상 사람으로
무단히 사죄 없이 모함 중에 들단 말가
이 운수 아닐러면 무죄한들 면할소냐
하물며 이 내 집은 과문지취[78] 아닐런가
아서라 이 내 신명 운수도 믿지마는
감당도 어려우되 남의 이목 살펴두고
이같이 아니 말면 세상을 능멸한듯
관장을 능멸한듯 무가내라 할 길 없네

---

75 배나하며 : 배로 하며. 집안사람들이 남들보다 오히려 더하다는 말.

76 살부지수(殺父之讎) : 아버지를 죽인 원수.

77 조걸위학(助桀爲虐) : 걸과 같은 폭군을 도와서 잔학한 일을 함. 즉 못된 사람을 부추기어 악한 짓을 하게 함.

78 과문지취(科門之聚) : 대과에 급제한 사람이 있는 집안.

10. 무극한 이내 도는 내 아니 가르쳐도
운수 있는 그 사람은 차차차차 받아다가
차차차차 가르치니 내 없어도 당행[79]일세
행장을 차려내어 수천리를 경영하니
수도하는 사람마다 성지우성[80] 하지마는
모우미성[81] 너희들을 어찌하고 가잔 말고
잊을 도리 전혀 없어 만단효유[82]하지마는
차마 못한 이내 회포 역지사지하였어라
그러나 할 길 없어[83] 일조분리[84]되었더라

11. 멀고 먼 가는 길에 생각나니 너희로다
객지에 외로 앉아 어떤 때는 생각나서
너희 수도 하는 거동 귀에도 쟁쟁하며
눈에도 삼삼하며 어떤 때는 생각나서
일사위법[85] 하는 빛이 눈에도 거슬리며
귀에도 들리는 듯 아마도 너희 거동
일사위법 분명하다 명명[86]한 이 운수는

---

79 당행(當行) : 마땅히 잘 행할 것임.
80 성지우성(誠之又誠) : 정성드리고 또 정성드림.
81 모우미성(毛羽未成) : 털과 깃이 다 자라지 않았음. 사람이 아직 어림을 뜻한 말.
82 만단효유(萬端曉諭) : 여러 가지로 알아듣게 타이름.
83 어쩔 수 없어.
84 일조분리(一朝分離) : 하루아침에 나눠어 헤어짐.
85 일사위법(日事違法) : 나날이 하는 일마다 법도에 어긋남.

원한다고 이러하며 바란다고 이러할까
아서라 너희 거동 아니 봐도 보는듯다
부자유친 있지마는 운수조차 유친이며
형제일신 있지마는 운수조차 일신인가
너희 역시 사람이면 남의 수도 하는 법을
응당히 보지마는 어찌 그리 매몰[87]한고
지각 없는 이것들아 남의 수도 본을 받아
성지우성 공경해서 정심수신하였어라
아무리 그러해도 이 내 몸이 이리 되니
은덕이야 있지마는 도성입덕[88] 하는 법은
한 가지는 정성이요 한 가지는 사람이라
부모의 가르침을 아니 듣고 낭유[89]하면
금수에 가직[90]하고 자행자지[91] 아닐런가
우습다 너희 사람 나는 도시[92] 모를러라
부자형제 그 가운데 도성입덕 각각이라
대저 세상 사람 중에 정성 있는 그 사람은
어진 사람 분명하니 작심으로 본을 보고

---

86 명명(明明) : 밝고 밝은.
87 매몰(昧沒) : 어둡고 모름.
88 도성입덕(道成立德) : 도를 이루고 덕을 세움. 곧 자아완성.
89 낭유(浪遊) : 허망하게 놂.
90 가깝고.
91 자행자지(自行自止) : 하고 싶으면 하고 말고 싶으면 말아서 모든 일을 제멋대로 함.
92 도무지.

정성공경 없단 말가 애달하다 너희들은
출등한 현인들은 바랄 줄 아니로되
사람의 아래 되고 도덕에 못 미치면
자작지얼[93]이라도 나는 또한 한이로다
운수야 좋거니와 닦아야 도덕이라
너희라 무슨 팔자 불로자득[94] 되단 말가
해음[95]없는 이것들아 날로 믿고 그러하냐
나는 도시 믿지 말고 ᄒᆞ늘님을 믿었어라
네 몸에 모셨으니 사근취원[96]하단 말가
내 역시 바라기는 ᄒᆞ늘님만 전혀 믿고
해몽[97] 못한 너희들은 서책은 아주 폐코
수도하기 힘쓰기는 그도 또한 도덕이라
문장이고 도덕이고 귀어허사[98] 될까보다
열세 자[99] 지극하면 만 권 시서 무엇하며
심학이라 하였으니 불망기의[100] 하였어라
현인군자 될 것이니 도성입덕 못 미칠까
이같이 쉬운 도를 자포자기 하단 말가

93 자작지얼(自作之孽) : 자기의 한 일로 말미암아 일어나게 된 재앙.
94 불로자득(不勞自得) : 노력하지 않고 그냥 얻음.
95 해음 : 헤아림. 분별.
96 사근취원(捨近取遠) : 가까운 것을 버리고 먼 것을 취함.
97 해몽(解夢) : 몽매함에서 벗어남.
98 귀어허사(歸於虛事) : 헛된 일로 돌아감.
99 본주문, '시천주 조화정 영세불망 만사지'의 열세 자를 가리킴.
100 불망기의(不忘其意) : 그 뜻을 잊지 않음.

애달다 너희 사람 어찌 그리 매몰한고
탄식하기 괴롭도다 요순 같은 성현들도
불초자식 두었으니 한할 것이 없다마는
우선에 보는 도리 울울한 이 내 회포
금차하니 난감이오 두자하니 애달해서
강작[101]히 지은 문자 귀귀자자[102] 살펴내어
방탕지심 두지 말고 이 내 경계 받아내어
서로 만날 그 시절에 괄목 상대 되게 되면
즐겁기는 고사하고 이 내 집안 큰 운수라
이 글 보고 개과하여 날 본듯이 수도하라
부디부디 이 글 보고 남과 같이 하였어라
너희 역시 그렇다가 말래지사[103] 불민[104]하면
날로 보고 원망할까 내 역시 이 글 전해
효험 없이 되게 되면 네 신수 가련하고
이내 말 헛말 되면 그 역시 수치로다
너희 역시 사람이면 생각고 생각할까

---

101 강작(强作)히 : 억지로.

102 귀귀자자(句句字字) : 한 구절 한 구절, 한 글자 한 글자.

103 말래지사(末來之事) : 가는 길의 마지막에 처한 사정. 인생이 끝날 무렵의 형편.

104 불민(不敏) : 우둔하여 민첩하지 못함.

안심가(安心歌)[105]

1. 현숙한 내 집 부녀 이 글 보고 안심하소
대저 생령[106] 초목군생 사생재천[107] 아닐런가
하물며 만물지간 유인이 최령[108]일네
나도 또한 ᄒᆞ늘님께 명복받아 출세하니
자아시 지낸 일을 역력히 헤어보니
첩첩이 험한 일을 당코나니 고생일네
이도 역시 천정[109]이라 무가내[110]라 할 길 없다

2. 그 모르는 처자들은 유의유식[111] 귀공자를
흠선[112]해서 하는 말이 신선인가 사람인가
일천지하[113] 생긴 몸이 어찌 저리 같잖은고

---

105 「안심가」는 1861년 6월 포덕을 시작한 전후에 쓰여진 것으로 보인다. 포덕을 시작하자 선생의 가르침을 곡해하여 서학이라고 음해하는 동네 부녀자들과 집안 사람들이 종종 있었던 것 같다. 그래서 이 글은 선생이 살던 동네와 집안 부녀자들을 주요 대상으로 그런 오해를 풀고, 선생의 가르침을 안심하고 받아들여 어려운 시기를 잘 넘기자는 이야기를 하고 있다.

106 생령(生靈) : 생명, 목숨, 백성.

107 사생재천(死生在天) : 죽고 사는 것이 하늘에 달림.

108 유인(惟人)이 최령(最靈) : 오직 사람이 가장 신령스럽다.

109 천정(天定) : 하늘이 정함.

110 무가내(無可奈) : 어찌할 수 없음.

111 유의유식(遊衣遊食) : 놀기만 하면서도 잘 입고 잘 먹고 삶.

112 흠선(欽羨) : 흠모하여 부러워함.

113 일천지하(一天之下) : 같은 하늘 아래.

앙천탄식[114]하는 말을 보고 나니 한숨이오
듣고 나니 눈물이라 내 역시 하는 말이
비감회심[115] 두지 말고 내 말 잠깐 들었어라
호천금궐[116] 상제님도 불택선악[117] 하신다네
자조정 공경 이하[118] ᄒᆞ놀님께 명복받아
부귀자는 공경이오 빈천자는 백성이라
우리 또한 빈천자로 초야에 자라나서
유의유식 귀공자는 앙망불급[119] 아닐런가
복록은 다 버리고 구설앙화[120] 무섭더라
졸부귀 불상[121]이라 만고유전[122] 아닐런가
공부자[123] 하신 말씀 안빈낙도 내 아닌가
우리라 무슨 팔자 고진감래 없을소냐
홍진비래[124] 무섭더라 한탄 말고 지내보세

114 앙천탄식(仰天歎息) : 하늘을 우러러 탄식함.
115 비감회심(悲感悔心) : 슬픈 느낌과 뉘우치는 마음.
116 호천금궐(昊天金闕) : 넓고 큰 하늘에 있는 훌륭한 궁궐.
117 불택선악(不擇善惡) : 하늘님은 선악을 가리지 않는다.
118 자조정(自朝廷) 공경 이하(公卿以下) : 정부의 높은 벼슬아치로부터.
119 앙망불급(仰望不及) : 우러러 바라도 미치지 못함.
120 구설앙화(口說殃禍) : 시비하고 비방하는 말이 끼치는 재앙.
121 졸부귀(猝富貴) 불상(不祥) : 별안간 부자가 되고 존귀하게 되는 것은 상서롭지 못함.
122 만고유전(萬古遺傳) : 옛적부터 내려오는 것.
123 공부자(孔夫子) : 공자를 높여서 부르는 말.
124 홍진비래(興盡悲來) : 즐거운 일이 지나가면 슬픈 일이 닥쳐옴.

3. 이러그러 지내나니 거연 사십 되었더라
사십 평생 이뿐인가 무가내라 할 길 없네
가련하다 우리 부친 구미산정[125] 지을 때에
날 주려고 지었던가 할 길 없어 무가내라
천불생무록지인[126]이라 이 말이 그 말인가
곰곰히 생각하니 이도 역시 천정일네
ᄒᆞ놀님이 정하시니 반수기앙[127] 무섭더라

4. 무정세월 여류파[128]라 칠팔삭 지내나니
사월이라 초오일에 꿈일런가 잠일런가
천지가 아득해서 정신 수습 못할러라
공중에서 외는 소리 천지가 진동할 때
집안 사람 거동 보소 경황실색[129] 하는 말이
애고애고 내 팔자야 무삼 일로 이러한고
애고애고 사람들아 약도사[130] 못해 볼까
침침칠야[131] 저문 밤에 눌로 대해 이 말 할꼬

---

125 구미산정(龜尾山亭) : 구미산 밑의 정자. 최제우의 아버지 최옥이 남긴 용담정을 가리킴.

126 천불생무록지인(天不生無祿之人) : 하늘은 녹이 없는 사람을 내지 않음. 하늘은 모든 사람에게 직분을 준다는 뜻.

127 반수기앙(反受其殃) : 도리어 그 앙화를 받음.

128 무정세월(無情歲月) 여류파(如流波) : 무정한 세월은 흐르는 물결같이 빠름.

129 경황실색(驚惶失色) : 놀라고 두려워 얼굴빛이 달라짐.

130 약도사 : '약조차 쓸 수 없네'라고 한탄하는 모습.

131 침침칠야(沈沈漆夜) : 사물이 보이지 않을 정도로 어둡고 아주 캄캄한 밤.

경황실색 우는 자식 구석마다 끼어 있고
댁의 거동 볼작시면 자방머리 행주치마
엎어지며 자빠지며 종종걸음 한창할 때
공중에서 외는 소리 물구물공[132] 하였어라
호천금궐 상제님을 네가 어찌 알까 보냐
초야에 묻힌 인생 이리 될 줄 알았던가
개벽시[133] 국초 일을 만지장서[134] 나리시고
십이제국[135] 다 버리고 아국 운수 먼저 하네[136]
그럭저럭 창황실색 정신 수습 되었더라

5. 그럭저럭 장등달야[137] 백지 펴라 분부하네
창황실색 할 길 없어 백지 펴고 붓을 드니
생전 못 본 물형부[138]가 종이 위에 완연터라
내 역시 정신 없어 처자 불러 묻는 말이
이 웬일고 이 웬일고 저런 부[139] 더러 본가
자식의 하는 말이 아버님 이 웬일고

---

132 물구물공(勿懼勿恐) : 두려워 말고 무서워 말라.
133 개벽시(開闢時) : 천지가 처음 생길 때. 여기서는 새로운 세상이 열리는 때를 말함.
134 만지장서(滿紙長書) : 종이를 가득 채운 장문의 글.
135 십이제국(十二諸國) : 세상의 모든 나라.
136 운수 먼저 하네 : 운수(運數), 여기서는 국운을 가리킴. 우리나라의 국운을 먼저 챙긴다는 말.
137 장등달야(張燈達夜) : 밤새도록 등불을 켜놓고 밤을 세움.
138 물형부(物形符) : 영부(靈符)를 가리킴.
139 부(符) : '영부(靈符)'를 가리킴.

정신 수습 하옵소서 백지 펴고 붓을 드니
물형부 있단 말씀 그도 또한 혼미로다
애고애고 어머님아 우리 신명 이 웬일고
아버님 거동 보소 저런 말씀 어디 있노
모자가 마주앉아 수파통곡[140] 한창할 때
ᄒᆞ늘님 하신 말씀 지각 없는 인생들아
삼신산 불사약을 사람마다 볼까보냐
미련한 이 인생아 네가 다시 그려내서
그릇 안에 살라두고 냉수 일배 떠다가서
일장 탄복하였어라 이 말씀 들은 후에
바삐 한 장 그려 내어 물에 타서 먹어 보니
무성무취 다시 없고 무자미지 특심[141]이라
그럭저럭 먹은 부가 수백 장이 되었더라
칠팔삭 지내나니 가는 몸이 굵어지고
검던 낯이 희어지네 어화 세상 사람들아
선풍도골[142] 내 아닌가 좋을시고 좋을시고
이 내 신명 좋을시고 불로불사[143] 하단 말가
만승천자[144] 진시황도 여산[145]에 누워 있고

---

140 수파통곡(手把痛哭) : 손을 마주 잡고 통곡함.
141 무자미지(無滋味之) 특심(特心) : 좋은 맛이 없는 가운데 마음에 독특하게 느껴짐.
142 선풍도골(仙風道骨) : 신선의 풍채와 도인의 골격.
143 불로불사(不老不死) : 늙지도 않고 죽지도 않음.
144 만승천자(萬乘天子) : 일만 채의 수레를 소유한 천자(天子).

한무제 승로반[146]도 웃음 바탕 되었더라
좋을시고 좋을시고 이 내 신명 좋을시고
영세무궁 하단 말가 좋을시고 좋을시고
금을 준들 바꿀소냐 은을 준들 바꿀소냐
진시황 한무제가 무엇 없어 죽었는고
내가 그때 났었더면 불사약을 손에 들고
조롱만상[147] 하올 것을 늦게 나니 한이로다
좋을시고 좋을시고 이 내 신명 좋을시고

6. 그 모르는 세상 사람 한 장 다고 두 장 다고
비틀비틀 하는 말이 저리 되면 신선인가
칙칙한 세상 사람 승기자(勝己者) 싫어할 줄
어찌 그리 알았던고 답답해도 할 길 없다
나도 또한 ᄒᆞᄂᆞᆯ님께 분부 받아 그린 부를
금수 같은 너희 몸에 불사약이 미칠소냐
가소롭다 가소롭다 너희 음해 가소롭다
신무소범[148] 나뿐이다 면무참색[149] 네가 알까

---

145 여산(驪山) :지금의 섬서성(陝西城) 임동현(臨潼縣)의 동남에 있던 지명. 진시황의 능이 있고, 또 당(唐) 현종(玄宗)이 여기에 화청궁(華淸宮)을 지었음.

146 승로반(承露盤) : 죽음을 면하기 위해 한무제는 뒤에 도교를 신앙하여 구리로 신선의 상을 세운 후 그 손 위에 옥반(玉盤)을 놓아 이슬을 받아 먹었음.

147 조롱만상(嘲弄萬象) : 여러 가지 모양으로 조롱함.

148 신무소범(身無所犯) : 몸에 허물을 범한 일이 없음.

149 면무참색(面無慙色) : 얼굴에 부끄러워하는 빛이 없음.

애달하다 애달하다 너희 음해 애달하다
우리야 저럴진댄 머잖은 세월에도
괴질바랠 정이 없다 뛰고 보고 죽고 보세[150]
요악한 고 인물이 할 말이 바이 없어
서학이라 이름하고 온 동네 외는 말이
사망[151]년 저 인물이 서학에나 싸잡힐까
그 모르는 세상 사람 그거로사 말이라고
추켜들고 하는 말이 용담에는 명인 나서
범도 되고 용도 되고 서학에는 용터라고[152]
종종걸음치는 말을 역력히 못할러라

7. 거룩한 내 집 부녀 이 글 보고 안심하소
소위 서학 하는 사람 암만 봐도 명인 없데
서학이라 이름하고 내 몸 발천[153]하렸던가
초야에 묻힌 사람 나도 또한 원이로다
ᄒᆞ놀님께 받은 재주 만병회춘[154]되지마는
이 내 몸 발천되면 ᄒᆞ놀님이 주실런가
주시기만 줄작시면 편작[155]이 다시 와도

---

150 "괴질이 일어날 염려 없으니 아무렇게나 홍청망청 살아보세" 라고 사람들이 한다는 말.

151 사망(邪妄) : 간사하고 요망함.

152 용하더라고.

153 발천(發闡) : 앞길을 열어서 세상에 나섬. 열어서 드러냄.

154 만병회춘(萬病回春) : 모든 질병이 나아서 다시 건강이 회복됨.

이 내 선약 당할소냐 만세 명인 나뿐이다

8. 가련하다 가련하다 아국 운수 가련하다
전세 임진[156] 몇 해런고 이백사십 아닐런가
십이제국 괴질 운수 다시개벽 아닐런가
요순성세[157] 다시 와서 국태민안[158]되지마는
기험하다 기험하다 아국 운수 기험하다
개 같은 왜적놈아 너희 신명 돌아보라
너희 역시 하륙해서 무슨 은덕 있었던고
전세 임진 그때라도 오성 한음 없었으면
옥새 보전 뉘가 할꼬 아국 명현 다시 없다
나도 또한 ᄒᆞ놀님께 옥새 보전 봉명하네
무병지란[159] 지낸 후에 살아나는 인생들은
ᄒᆞ놀님께 복록 정해 수명을랑 내게 비네
내 나라 무슨 운수 그다지 기험할꼬
거룩한 내 집 부녀 자세 보고 안심하소
개 같은 왜적놈이 전세 임진 왔다가서
술싼 일 못했다고 쇠술로 안 먹는 줄[160]

---

155 편작(扁鵲) : 중국 전국 시대의 명의(名醫). 발해 사람으로 성은 진(秦)이고 이름은 월인(越人).

156 전세 임진(前世壬辰) : 지난 임진년의 일. '임진왜란'을 가리킴.

157 요순성세(堯舜聖世) : 요순이 다스리던 시절처럼 좋은 시절이 다시 온다는 말.

158 국태민안(國泰民安) : 나라가 태평하고 인민이 평안함.

159 무병지란(無兵之亂) : 무기와 군대가 없이 겪은 전란.

세상 사람 뉘가 알꼬 그 역시 원수로다
만고충신 김덕령[161]이 그때 벌써 살았으면
이런 일이 왜 있을꼬 소인 참소 기험하다
불과 삼삭 마칠 것을 팔년 지체 무삼 일고
나도 또한 신선으로 이런 풍진 무삼 일고
나도 또한 ᄒᆞᆫ놀님께 신선이라 봉명해도
이런 고생 다시 없다 세상 음해 다하더라
기장하다 기장하다 내 집 부녀 기장하다
내가 또한 신선되어 비상천[162] 한다 해도
개 같은 왜적놈을 ᄒᆞᆫ놀님께 조화받아
일야에 멸하고서 전지무궁[163] 하여놓고
대보단[164]에 맹세하고 한[165]의 원수 갚아보세
중수한 한의 비각[166] 헐고 나니 초개 같고
붓고[167]나니 박산[168]일세 이런 걱정 모르고서

160 숟가락으로 밥먹을 만한 일을 못했다고, 쇠숟가락으로 밥을 먹지 아니하는 것을. 왜인들이 그때부터 숟가락을 사용하지 않고 젓가락만 사용함을 비웃는 말.

161 김덕령(金德齡) : 자는 경수(景樹), 광주(光州) 석저촌(石底村) 사람(1567~1596). 신이한 용맹이 세상에 드물었다고 함. 임진왜란 때 공을 세우다가 이몽학의 반란에 억울하게 연루되어 옥중에서 죽음.

162 비상천(飛上天) : 하늘을 날아 오름.

163 전지무궁(傳之無窮) : 그 사적(史蹟)을 영구히 전함.

164 대보단(大報壇) : 명나라의 태조(太祖), 신종(神宗), 의종(毅宗)을 제사지내던 사당. 비원 안에 있음.

165 한(汗) : 오랑캐. 여기서는 청나라 군사를 가리킴.

166 병자호란에 우리가 항복한 후 청나라에서 경기도 광주(廣州)군 삼전도(三田渡 : 현재의 송파)에 세운 전승기념비(戰勝記念碑).

요악한 세상 사람 눌로 대해 이 말 하노
우리 선조 험천[169] 땅에 공덕비를 높이 세워
만고유전하여 보세 송백 같은 이 내 절개
금석으로 세울 줄을 세상 사람 뉘가 알꼬
애달다 저 인물이 눌로 대해 음해하노
요악한 저 인물이 눌로 대해 저 말 하노
ᄒᆞ늘님이 내 몸 내서 아국 운수 보전하네
그 말 저 말 듣지 말고 거룩한 내 집 부녀
근심 말고 안심하소 이 가사 외어내서
춘삼월 호시절에 태평가 불러보세

용담가(龍潭歌)[170]

1. 국호는 조선이오 읍호는 경주로다
성호는 월성이오 수명은 문수로다
기자 때 왕도로서 일천 년 아닐런가
동도는 고국이오 한양은 신부로다

---

167 부수고.

168 박산(撲散) : 산산조각.

169 험천(險川) : 최제우의 7대조 최진립은 경기도 용인(龍仁)의 험천에서 전사했음.

170 「용담가」는 수운 선생의 모든 글 중에서 가장 먼저 쓰여진 글이다. 경신년 4월 5일(양 5월 25일) 하늘님 체험을 하고 나서 그 달 말경에 쓰여진 것으로 추정된다.

아동방 생긴 후에 이런 왕도 또 있는가
수세도 좋거니와 산기도 좋을시고
금오는 남산이오 구미는 서산이라
봉황대 높은 봉은 봉거대공[171] 하여 있고
첨성대 높은 탑은 월성을 지켜 있고
청옥적 황옥적[172]은 자웅으로 지켜 있고
일천 년 신라국은 소리를 지켜내네
어화 세상 사람들아 이런 승지 구경하소
동읍 삼산 볼작시면 신선 없기 괴이하다
서읍 주산 있었으니 추로지풍[173] 없을소냐
어화 세상 사람들아 고도 강산 구경하소
인걸은 지령[174]이라 명현달사[175] 아니 날까
하물며 구미산은 동도지 주산일세

선생의 고향 경주땅에 대한 자부심과 하늘님에게 무극대도를 받아낸 기쁨을 감격적으로 노래하고 있다.

171 봉거대공(鳳去臺空) : 봉황이 떠나가서 봉황대가 비었음.

172 청옥적 황옥적(靑玉笛 黃玉笛) : 푸른 옥피리와 누른 옥피리. 신라의 신문왕(神文王)이 동해 바다에 있는 섬에서 낮에는 둘이 되고 밤에는 하나가 되는 대나무를 얻어 저를 만들어 월성(月城, 天尊庫)에 두었는데, 이 저를 불면 적병이 물러가고 병이 낫고 가뭄에는 비가 오고 비올 때는 개며, 바람은 가라앉고 물결도 평온해져서 만파식적(萬波息笛)이라 하고 국보로 삼았음. 여기서 말하는 저도 바로 만파식적을 이르는 듯함.

173 추로지풍(鄒魯之風) : 공자와 맹자의 유풍(遺風). 추는 맹자의 출생지. 노는 공자의 출생지임.

174 인걸(人傑)은 지령(地靈) : 걸출한 인재는 신령스러운 땅기운에 말미암음.

175 명현달사(明賢達士) : 이름이 난 어진 사람과 이치에 밝아서 세상의 잡사에 매이지 않는 선비.

곤륜산 일지맥[176]은 중화로 버려 있고
아동방 구미산은 소중화 생겼구나
어화 세상 사람들아 나도 또한 출세후[177]에
고도 강산 지켜내어 세세유전[178] 아닐런가

2. 기장[179]하다 기장하다 구미 산기[180] 기장하다
거룩한 가암 최씨 복덕산 아닐런가
구미산 생긴 후에 우리 선조 나셨구나
산음인가 수음인가 위국충신 기장하다
가련하다 가련하다 우리 부친 가련하다
구미 용담 좋은 승지 도덕 문장 닦아내어
산음수음[181] 알지마는 입신양명 못하시고
구미산하 일정각을 용담이라 이름하고
산림처사[182] 일포의[183]로 후세에 전탄 말가
가련하다 가련하다 이 내 가운 가련하다
나도 또한 출세후로 득죄부모[184] 아닐런가

---

176 일지맥(一支脈) : 중국 서부 서장 고원 북방에 있는 곤륜산(해발 7,850m, 산맥의 길이 4,000Km)의 본맥에서 갈려 나간 가닥.

177 세상에 태어난 후.

178 세세유전(世世遺傳) : 대대로 전해짐.

179 기장(奇壯) : 기묘하고 우뚝함.

180 산기(山氣) : 산의 기운.

181 산음수음(山蔭水蔭) : 산의 음택과 물의 음택.

182 산림처사(山林處士) : 벼슬에 나가지 않고 초야에서 학문과 덕행에 힘쓰는 선비.

183 일포의(一布衣) : 한 벌의 옷, 즉 벼슬이 없어 가난한 선비.

불효 불효 못 면하니 적세원울[185] 아닐런가
불우시지 남아[186]로서 허송 세월 하였구나
인간만사 행하다가 거연 사십 되었더라
사십 평생 이뿐인가 무가내라 할 길 없다
구미 용담 찾아오니 흐르나니 물소리요
높으나니 산이로세 좌우 산천 둘러보니
산수는 의구[187]하고 초목은 함정[188]하니
불효한 이 내 마음 그 아니 슬플소냐
오작[189]은 날아들어 조롱을 하는듯고
송백은 울울[190]하여 청절을 지켜내니
불효한 이 내 마음 비감회심[191] 절로 난다
가련하다 이 내 부친 여경[192]인들 없을소냐

3. 처자 불러 효유하고 이러그러 지내나니
천은이 망극하여 경신 사월 초오일에

---

184 득죄부모(得罪父母) : 부모님께 죄를 얻음.
185 적세원울(積世怨鬱) : 여러 대 쌓인 원망과 답답함.
186 불우시지 남아(不遇時之男兒) : 불우할 때의 사내(사나이).
187 의구(依舊) : 옛날과 같아서 변함이 없음.
188 함정(含情) : 애틋한 정회를 머금고 있음.
189 오작(烏鵲) : 까마귀와 까치.
190 송백(松栢)은 울울(鬱鬱) : 소나무와 측백나무 등의 나무가 빽빽하게 들어선 모양.
191 비감회심(悲感悔心) : 비참한 심정과 회한의 감정. 36세 겨울 울산에서 모든 것을 잃고 다시 경주 용담으로 들어올 때의 참담한 심정.
192 여경(餘慶) : 남은 경사.

글로 어찌 기록하며 말로 어찌 성언할까
만고 없는 무극대도 여몽여각[193] 득도로다
기장하다 기장하다 이 내 운수 기장하다
ᄒᆞ늘님 하신 말씀 개벽 후 오만 년에
네가 또한 첨이로다 나도 또한 개벽 이후
노이무공[194] 하다가서 너를 만나 성공하니
나도 성공 너도 득의[195] 너희 집안 운수로다

4. 이 말씀 들은 후에 심독희자부[196]로다
어화 세상 사람들아 무극지운[197] 닥친 줄을
너희 어찌 알까보냐 기장하다 기장하다
이 내 운수 기장하다 구미 산수 좋은 승지
무극대도 닦아내니 오만년지 운수로다
만세일지 장부[198]로서 좋을시고 좋을시고
이 내 신명 좋을시고 구미 산수 좋은 풍경
물형[199]으로 생겼다가 이 내 운수 맞혔도다

---

193 여몽여각(如夢如覺) : 꿈 같기도 하고 생시 같기도 함. 기이하여 현실이 아닌 것 같음.

194 노이무공(勞而無功) : 애를 썼으나 보람이 없음.

195 득의(得意) : 바라던 일이 이루어짐.

196 심독희자부(心獨喜自負) : 마음에서 남모르는 기쁨과 희열이 벅차 오름.

197 무극지운(無極之運) : 세상이 크게 한 번 바뀌는 큰 운수.

198 만세일지(萬世一之) 장부(丈夫) : 만대(萬代)에 한 사람 정도로 드물게 나타나는 대장부.

199 물형(物形) : 사물의 형상.

지지엽엽[200] 좋은 풍경 군자낙지[201] 아닐런가
일천지하 명승지로 만학천봉[202] 기암괴석
산마다 이러하며 억조창생 많은 사람
사람마다 이러할까 좋을시고 좋을시고
이 내 신명 좋을시고 구미 산수 좋은 풍경
아무리 좋다 해도 내 아니면 이러하며
내 아니면 이런 산수 아동방[203] 있을소냐
나도 또한 신선이라 비상천 한다 해도
이 내 선경 구미 용담 다시 보기 어렵도다
천만 년 지내온들 아니 잊자 맹세해도
무심한 구미 용담 평지되기 애달하다

몽중노소문답가(夢中老少問答歌)[204]

1. 곤륜산 일지맥의 조선국 금강산이
기암괴석 좋은 경 일만이천 아닐런가

---

200 지지엽엽(枝枝葉葉) : 가지마다 잎마다.

201 군자낙지(君子樂地) : 군자들이 즐거워하는 땅.

202 만학천봉(萬壑千峯) : 첩첩이 겹쳐진 깊고 큰 골짜기와 많은 봉우리.

203 우리 조선에.

204 「몽중노소문답가」는 임술년(1862) 6월에 남원을 떠나 경주 근교인 박대여의 집에 머물 때 지은 것으로 추정된다. 이 글은 꿈속에서 늙은이와 젊은이가 문답하는 형식을 빌려 당시에 횡행하던 비결들에 대해 비판하고 마음 공부에 힘쓸 것을 노래하는 내용이다.

팔도명산 다 던지고 천하승지 아닐런가

2. 삼각산 한양 도읍 사백 년 지낸 후에
하원갑[205] 이 세상에 남녀 간 자식 없어
산제 불공 하다가서 두 늙은이 마주앉아
탄식하고 하는 말이 우리도 이 세상에
명명한 천지운수 남과 같이 타고나서
기궁한 이 내 팔자 일점 혈육 없단 말가
우리 사후 고사하고 득죄 부모 아닐런가
아서라 자고급금[206] 공덕으로 자식 빌어
후사를 이은 사람 말로 듣고 눈으로 보니
우리도 이 세상에 공덕이나 닦아보세
탕진 가산 하여내어 일심정기 다시 먹고
팔도 불전 시주하고 지성으로 산제[207]해서
백배축원 앙천[208]하며 주소간[209] 비는 말이
지성감천 아닐런가 공덕이나 닦아보세
그러나 자고급금 전해 오는 세상 말이

---

205 하원갑(下元甲) : 음양설에서 180년의 주기로 세상의 운이 크게 변한다고 보고 그 중에 세 번째의 60년을 이르는 말. 한 세대가 차차 기울어지며 운이 다하는 때이다. 이 시기가 지나면 상원갑 호시절이 다시 온다고 봄.

206 자고급금(自古及今) : 예로부터 내려오면서 지금까지.

207 산에 제사지냄.

208 앙천(仰天) : 하늘을 우러러.

209 주소간(晝宵間) : 밤낮으로.

인걸은 지령[210]이라 승지에 살아보세
명기는 필유명산하[211]라 팔도강산 다 던지고
금강산 찾아들어 용세좌향[212] 가려내어
수간초옥[213] 일협곡에 구목위소[214] 아닐런가
그러그러 지내나니 윤신포태[215] 되었더라

3. 십삭이 이미 되매 일일은 집 가운데
운무가 자욱하며 내금강 외금강이
두세 번 진동할 때 홀연히 산기 있어
아들 아기 탄생하니 기남자[216] 아닐런가
얼굴은 관옥[217]이오 풍채는 두목지[218]라
그러그러 지내나니 오륙세 되었더라
팔세에 입학해서 허다한 만 권 시서
무불통지[219] 하여내니 생이지지[220] 방불[221]하다

---

210 뛰어난 인물은 좋은 땅의 기운을 받고 태어남.

211 명기(明氣)는 필유명산하(必有名山下) : 맑고 밝은 기운은 반드시 이름난 산 아래에 있음.

212 용세좌향(龍勢座向) ; 풍수설(風水說)에서 말하는 산맥 형세.

213 수간초옥(數間草屋) : 몇 칸 되지 않는 작은 초가집.

214 구목위소(構木爲巢) : 나무를 얽어서 살 곳을 만듦.

215 윤신포태(潤身胞胎) : 몸이 윤택하게 되고 태기가 있음.

216 기남자(奇男子) : 재주와 슬기가 뛰어난 사내.

217 관옥(冠玉) : 관(冠) 앞을 꾸미는 옥. 사내의 아름다운 얼굴을 비유하는 말.

218 두목지(杜牧之) : 당나라 시인. 이름은 목(牧). 두목이 취해서 수레를 타고 양주(楊州)에 지나매 기생들이 그의 풍채를 연모하여 귤을 던져 수레에 가득 차게 되었다는 고사(故事)가 있음.

십세를 지내나니 총명은 사광[222]이오
지국이 비범하고 재기 과인[223]하니
평생에 하는 근심 효박[224]한 이 세상에
군불군 신불신과 부불부 자부자를[225]
주소간 탄식하니 울울한 그 회포는
흉중에 가득하되 아는 사람 전혀 없어
처자 산업 다 버리고 팔도강산 다 밟아서
인심풍속 살펴보니 무가내라 할 길 없네
우습다 세상 사람 불고천명[226] 아닐런가

4. 괴이한 동국참서[227] 추켜들고 하는 말이
이거[228] 임진왜란 때는 이재송송[229] 하여 있고

---

219 무불통지(無不通知) : 무슨 일이든지 다 통해 환히 앎.

220 생이지지(生而知之) : 가르침을 받지 아니하고 스스로 통해 앎. 선천적으로 타고 난 총명한 사람.

221 방불(髣髴) : 거의 비슷함.

222 사광(師曠) : 춘추 시대 진(晋)의 악사(樂師). 자(字)는 자야(子野). 미세한 소리까지 잘 분별했으며 매우 총명했다고 함.

223 과인(過人) : 재주 있는 기질이 보통 사람보다 뛰어남.

224 효박(淆薄) : 인정이나 풍속이 아주 삭막함.

225 군불군(君不君) 신불신(臣不臣)과 부불부(父不父) 자부자(子不子) : 임금이 임금답지 못하고, 신하가 신하 구실을 못하며, 아버지가 아버지의 역할을 못하고, 아들이 아들로서의 도리를 다하지 못함.

226 불고천명(不顧天命) : 이기심에 빠져 천명을 돌보지 않고, 천리를 순종치 않음.

227 동국참서(東國讖書) : 동국, 즉 우리나라의 여러 예언서들. 『정감록』, 『격암유록』 등이 있음.

228 이거(已去) : 이미 지나간.

가산정주 서적[230]때는 이재가가[231] 하였더니
어화 세상 사람들아 이런 일을 본받아서
생활지계[232] 하여 보세 진나라 녹도서[233]는
망진자는 호야[234]라고 허축방호[235]하였다가
이세망국[236] 하온 후에 세상 사람 알았으니
우리도 이 세상에 이재궁궁[237] 하였다네
매관매작[238] 세도자도 일심은 궁궁이오
전곡 쌓인 부첨지도 일심은 궁궁이오
유리걸식 패가자 일심은 궁궁이라
풍편에 뜨인 자도 혹은 궁궁촌[239] 찾아가고

229 이재송송(利在松松) : 이로움이 솔숲에 있음. 산으로 피하면 산다는 뜻.

230 가산정주(嘉山定州) 서적(西賊) : 가산에서 군대를 일으켜 정주에서 패망한 홍경래(洪景來, 1789~1812)의 난.

231 이재가가(利在家家) : 이로움이 집안에 있음. 도망하지 않고 집에 있는 것이 유리하다는 뜻.

232 생활지계(生活之計) : 살아나갈 계획.

233 녹도서(錄圖書) : 진(秦)나라의 참서.

234 망진자(亡秦者)는 호야(胡也) : 진나라를 멸망시키는 것은 오랑캐[胡]라고 생각하여, 헛되이 만리장성을 쌓았는데, 나중에 알고보니 그 호(胡)는 바로 진나라의 2대 호해(胡亥)를 가리키는 것이었음. 진나라는 호해의 무능력함으로 2대 15년 만에 멸망했음.

235 허축방호(虛築防胡) : 헛되이 만리장성을 쌓아서 오랑캐를 막음.

236 이세망국(二世亡國) : 2대 만에 나라가 망함.

237 이재궁궁(利在弓弓) : 궁궁은 마음을 가리킴. 이로움이 마음에 있음. 마음 공부에 있다는 말. 마음을 공부해서 수심정기가 되고, 마음이 하늘이라는 것을 깨쳐야 살 수 있다는 말.

238 매관매작(賣官賣爵) : 벼슬과 작위를 팔고 삼.

239 궁궁촌(弓弓村) : '궁궁' 이란 자기의 마음인데, 마음이 바로 하늘인 것을 모르고 그런 마을이 있는 줄 알고 찾아간다는 말.

혹은 만첩산중 들어가고 혹은 서학에 입도해서
각자위심[240] 하는 말이 내 옳고 네 그르지
시비분분 하는 말이 일일시시 그뿐일네

5. 아셔시라 아셔시라 팔도 구경 다 던지고
고향에나 돌아가서 백가시서 외워보세
내 나이 십사세라 전정[241]이 만리로다
아서라 이 세상은 요순지치라도
부족시요 공맹지덕이라도
부족언이라 흉중에 품은 회포
일시에 타파하고 허위허위 오다가서
금강산 상상봉에 잠간 앉아 쉬오다가
홀연히 잠이 드니 몽에 우의편천 일도사[242]가
효유해서 하는 말이 만학천봉 첩첩하고
인적이 적적한데 잠자기는 무삼 일고
수신제가 아니하고 편답강산[243] 하단 말가
효박한 세상 사람 갚을 것[244]이 무엇이며
가련한 세상 사람 이재궁궁 찾는 말을

---

240 각자위심(各自爲心) : 각자 자기만을 위한 이기심.
241 전정(前程) : 앞길.
242 우의편천 일도사(羽衣褊躚 一道士) : 앞길.
243 편답강산(遍踏江山) : 강산을 널리 돌아다님.
244 맞서서 견줌. 업신여김.

웃을 것이 무엇이며 불우시지 한탄 말고
세상 구경 하였어라 송송가가[245] 알았으되
이재궁궁 어찌 알꼬 천운이 둘렀으니
근심 말고 돌아가서 윤회시운[246] 구경하소
십이제국 괴질 운수 다시개벽 아닐런가
태평성세 다시 정해 국태민안 할 것이니
개탄지심 두지 말고 차차차차 지냈어라
하원갑 지내거든 상원갑 호시절에
만고 없는 무극대도 이 세상에 날 것이니
너는 또한 연천[247]해서 억조창생 많은 백성
태평곡 격양가[248]를 불구[249]에 볼 것이니
이 세상 무극대도 전지무궁[250] 아닐런가
천의인심[251] 네가 알까 ᄒᆞᄂᆞᆯ님이 뜻을 두면
금수 같은 세상 사람 얼풋이 알아내네
나는 또한 신선이라 이제 보고 언제 볼꼬
너는 또한 선분[252] 있어 아니 잊고 찾아올까

---

245 송송가가(松松家家) : 솔숲에 있는 것이 이로운지 집 안에 있는 것이 이로운지를 살피는 일.

246 윤회시운(輪廻時運) : 차례로 돌아가는 시대의 운수.

247 연천(年淺) : 나이가 아직 어림.

248 격양가(擊壤歌) : 농부가 태평한 생활을 즐겨서 부르는 노래. 요임금 때에 늙은 농부가 흙으로 만든 악기를 치면서 불렀다 함.

249 불구(不久) : 오래지 않아.

250 전지무궁(傳之無窮) : 무궁토록 전해짐.

251 천의인심(天意人心) : ᄒᆞᄂᆞᆯ님의 뜻과 사람의 마음.

잠을 놀라 살펴보니 불견기처[253] 되었더라

도수사(道修詞)[254]

1. 광대한 이 천지에 정처 없이 발정[255]하니
울울한 이내 회포 부칠 곳 바이 없어
청려[256]를 벗을 삼아 여창[257]에 몸을 비겨
전전반측[258] 하다가서 홀연히 생각하니
나도 또한 이 세상에 천은이 망극하여
만고 없는 무극대도 여몽여각 받아내어
구미용담 좋은 풍경 안빈낙도 하다가서
불과 일년 지낸 후에 원처 근처 어진 선비
풍운같이 모아드니 낙중우락[259] 아닐런가

2. 이 내 좁은 소견으로 교법교도[260] 하다가서

---

252 선분(仙分) : 신선이 될 연분.

253 불견기처(不見其處) : 그 자리가 보이지 않음.

254 「도수사」는 1861년(신유년) 12월 말경 남원 은적암에서 새해를 앞두고 수천 리 떨어진 제자들을 생각하며 열심히 수도할 것을 당부하는 글이다.

255 발정(發程) : 길을 떠남.

256 청려(靑藜) : 명아줏대로 만든 지팡이.

257 여창(旅窓) : 나그네가 거처하는 방.

258 전전반측(輾轉反側) : 누워서 이리 뒤척 저리 뒤척이며 잠을 이루지 못함.

259 낙중우락(樂中尤樂) : 즐거움 가운데 더한 즐거움.

불과 일년 지낸 후에 망창[261]한 이 내 걸음
불일발정[262] 하자 하니 각처의 모든 벗은
편언척자[263] 바이 없고 세쇄사정[264] 못 미치니
양협[265]한 이내 소견 수천 리 밖에 앉아
이제야 깨닫고서 말을 하며 글을 지어
천리 고향 전해 주니 어질고 어진 벗은
매몰한 이 내 사람 부디부디 갈지[266] 말고
성경 이자 지켜내어 차차차차 닦아내면
무극대도 아닐런가 시호시호[267] 그때 오면
도성입덕 아닐런가

3. 어질다 모든 벗은 우매한 이내 사람
잊지 말고 생각하소 성경현전[268] 살폈으니
연원도통[269] 알지마는 사장사장[270] 서로 전해

---

260 교법교도(教法教道) : 동학의 도와 법을 가르침.
261 망창(茫蒼) : 큰 일을 당해 놓고 아무 계획이 서지 않아 앞이 아득함.
262 불일발정(不日發程) : 며칠 안에 길을 떠남.
263 편언척자(片言隻字) : 몇 마디의 말과 글.
264 자세한 사정.
265 양협(量陜) : 마음이 좁음.
266 괴롭히지.
267 시호시호(時乎時乎) : 좋은 때가 온 것을 기뻐하여 감탄하는 소리.
268 성경현전(聖經賢傳) : 성현들이 지은 여러 가지 책. 경(經)은 성인의 말씀을 적은 책이고, 전(傳)은 경에 대해 풀이한 책.
269 연원도통(淵源道統) : 도학의 본원과 도학을 전하는 계통.
270 사장사장(師丈師丈) : 스승이 될 만한 자격 있는 사람.

받는 것이 연원이오 그 중에 가장 높아
신통육예[271] 도통일세 공부자 어진 도덕
일관[272]으로 이름해도 삼천 제자 그 가운데
신통육예 몇몇인고 칠십이인 도통해서
전천추 후천추[273]에 일관으로 전차해도
일천 년 못 지나서 전자방[274] 단간목[275]이
난법난도[276] 하였으니 그 아니 슬플소냐
어질다 이 내 벗은 자고급금[277] 본을 받아
순리순수[278] 하였어라.

4. 십년을 공부해서 도성입덕 되게 되면

---

271 신통육예(身通六藝) : 고대 중국 교육의 여섯 가지. 곧 예(禮), 악(樂), 사(射), 어(御), 서(書), 수(數)에 통달해 걸림이 없음.

272 일관(一貫) : 한 이치로써 모든 일을 꿰뚫음. 일이관지(一以貫之). 공자가 자기의 도는 뜻을 다하고[忠] 남의 마음을 내 마음처럼 미루어 생각하는 것[恕]으로 일관한다고 했음.

273 전천추(前千秋) 후천추(後天秋) : 영구히. 천추는 오래고 긴 세월.

274 전자방(田子方) : 전국 시대 위(魏)의 학자. 이름은 무역이고 자방은 자임. 문후(文侯)의 스승. 문후가 자방을 어진 사람이라 하여 국보(國寶)로서 받듦(『莊子』·「田子方」). 자방은 공자의 문하인 자하의 제자였는데 노자 계통의 동곽순자(東郭順子)를 스승으로 삼았음.

275 단간목(段干木) : 전국 시대 위나라의 학자. 자하의 제자로서 위나라 문후가 찾아가자 담을 넘어 달아났음. 임금이 지성으로 찾으면 만나서 돕는 것이 당연하다는 점에서 단간목을 비판했음.

276 난법난도(亂法亂道) : 도와 법을 어지럽힘.

277 자고급금(自古及今) : 예로부터 지금에 이르기까지.

278 순리순수(順理順受) : 천리에 따라 순응함.

속성이라 하지마는 무극한 이 내 도는
삼년불성[279] 되게 되면 그 아니 헛말인가
급급한 제군들은 인사[280]는 아니 닦고
천명을 바라오니 졸부귀불상[281]이라
만고유전 아닐런가 수인사대천명[282]은
자세히도 알지마는 어찌 그리 급급한고

5. 인지재질[283] 가려내어 상중하재 있지마는
양협한 이 내 소견 활달한 현인군자
세상을 탄식해서 심망의촉[284] 하는 빛을
의심 없이 나타내니 입도한 그 가운데
몰몰한[285] 지각자는 말로 듣고 입도해서
입을 배워 주문 일러 도성입덕 무엇인지
나도 득도 너도 득도 효박한 이 세상에
불사[286]한 저 사람은 어찌 저리 불사한고

279 삼년불성(三年不成) : 삼년 동안에 이루지 못함.
280 인사(人事) : 인간으로서 현실에서 힘써 해야 될 도리.
281 졸부귀불상(猝富貴不祥) : 갑자기 부하고 귀하게 된 사람은 상서롭지 못함.
282 수인사대천명(修人事待天命) : 사람으로서 할 도리를 다하고, 결과는 하늘에 맡김.
283 인지재질(人之才質) : 사람의 타고난 역량과 기국. 일반적으로 상재, 중재, 하재로 구분함.
284 심망의촉(心忙意促) : 마음이 바쁘고 생각이 조급함.
285 지각없이 어리석은 사람. 몰지각한 사람.
286 불사(不似) : 보잘것없는, 신통치 않은.

어질다 모든 벗은 자세 보고 안심하소
위가 미덥지 못하면 아래가 의심하며
위가 공경치 못하면 아래가 거만하니
이런 일을 본다 해도 책재원수[287] 아닐런가

6. 이는 역시 그러해도 수신제가 아니 하고
도성입덕 무엇이며 삼강오륜 다 버리고
현인군자 무엇이며 가도화순[288] 하는 법은
부인에게 관계하니 가장이 엄숙하면
이런 빛이 왜 있으며 부인 경계 다 버리고
저도 역시 괴이하니 절통코 애달하다
유시부 유시처[289]라 하는 도리 없다마는
현숙한 모든 벗은 차차차차 경계해서
안심안도 하여 주소 내가 역시 수치하면
재방[290]한 자네들은 불미지사[291] 아닐런가
관기동정[292] 하지 말고 진선진미[293] 효유해서

---

287 책재원수(責在元帥) : 책임이 윗자리의 사람에게 있음을 가리키는 말.

288 가도화순(家道和順) : 집안을 화순하게 함.

289 유시부(有是夫) 유시처(有是妻) : 이러한 지아비가 있으니 이러한 지어미가 있는 것이라는 뜻.

290 재방(在傍) : 곁에 있는.

291 불미지사(不美之事) : 아름답지 아니한 일.

292 관기동정(觀其動靜) : 행동이나 사태 등의 동정을 살핌. 여기서는 눈치를 살핀다는 의미.

293 진선진미(盡善盡美) : 착함을 다하고 아름다움을 다하도록.

이 내 수치 씻어주면 그 아니 성덕[294]인가

7. 남의 사장[295] 되는 법은 내자불거[296] 아닐런가
가르치기 위주하니 그 밖에 무엇이며
남의 제자 되는 법은 백년결의 하온 후에
공경히 받은 문자 호말[297]인들 변할소냐
출등한 제군자[298]는 비비유지[299] 한다 해도
작지사 작지제라[300] 사문성덕[301] 아닐런가
자고 성현 문도들은 백가 시서 외워내어
연원도통 지켜내서 공부자 어진 도덕
가장 더욱 밝혀내어 천추에 전해 오니
그 아니 기쁠소냐 내 역시 이 세상에
무극대도 닦아내어 오는 사람 효유해서
삼칠자[302] 전해주니 무위이화 아닐런가
우매한 세상 사람 자존지심 다 던지고

294 성덕(盛德) : 덕이 훙성해짐.
295 사장(師丈) : 스승.
296 내자불거(來者不拒) : 오는 사람을 막지 않음.
297 호말(毫末) : 털끝만큼이라도.
298 제군자(諸君子) : 학문과 덕행이 높은 여러 사람.
299 비비유지(比比有之) : 드물지 아니하고 흔히 있음.
300 작지사(作之師) 작지제(作之第) : 스승이 되고 제자가 됨.
301 사문성덕(斯門盛德) : 이 도문이 앞으로 덕이 성할 것임.
302 삼칠자(三七字) : 21글자로 된 동학의 시천주 주문을 일컬음. 곧 "지기금지 원위대강 시천주 조화정 영세불망 만사지(至氣今至願爲大降侍天主造化定永世不忘萬事知)" 의 21자를 말함.

자시지벽[303] 무삼 일고 사문[304]에 없는 법을
혼자 앉아 지어내니 천추에 없는 법을
어디 가서 본을 보며 입도한 사오삭에
어찌 그리 속성인고

8. 애달다 저 사람은 명명한 이 운수는
다 같이 밝지마는 어떤 사람 군자 되고
어떤 사람 저러한고 인의예지신인 줄을
망창[305]한 저 소견에 무엇을 알잔 말고
역력히 기록해서 거울같이 전해주니
자세 보고 안심해서 불사한 그른 거동
남의 이목 살펴내어 정심수신 하온 후에
남과 같이 수도하소 대저 세상 인도 중에
믿을 신자 주장일세 대장부 의기범절[306]
신 없으면 어디 나며 삼강오륜 밝은 법은
예 없으면 어디 나며 대장부 지혜범절
염치 중에 있었으니 우습다 저 사람은
자포자기 모르고서 모몰염치[307] 장난하니
이는 역시 난도자요 사장 못한 차제도법[308]

---

303 자시지벽(自是之癖) : 자기만 옳다고 여기는 편벽된 마음.
304 사문(師門) : 스승의 문지방. 즉 스승의 가르침.
305 망창(茫蒼) : 흐리멍덩하고 앞이 아득함.
306 의기범절(義氣凡節) : 의로운 마음으로 인해 일어나는 모든 기개.
307 모몰염치(冒沒廉恥) : 염치 없는 줄을 알면서도 이를 무릅쓰고 함.

제 혼자 알았으니 이는 역시 난법자라
난법난도 하는 사람 날 볼 낯이 무엇인고
이같이 아니 말면 제 신수 가련하고
이내 도 더럽히니 주소간 하는 걱정
이 밖에 다시 없다 작심으로 불변하면
내성군자[309] 아닐런가 귀귀자자[310] 살펴내어
정심수도 하여 두면 춘삼월 호시절에
또다시 만나볼까

권학가(勸學歌)[311]

1. 노류한담 무사객[312]이 팔도강산 다 밟아서
전라도 은적암에 환세차[313]로 소일하니
무정한 이 세월에 놀고 보고 먹고 보세
호호망망[314] 넓은 천지 청려를 벗을 삼아
일신으로 비겨서서 적세만물[315] 하여 보니

---

308 사장 못한 차제도법(次第道法) : 스승도 이야기하지 않는 도 닦는 순서와 방법.
309 내성군자(乃成君子) : 마음을 정해 변치 않으면 곧 군자가 아닌가.
310 귀귀자자(句句字字) : 한 구절, 한 구절, 한 글자, 한 글자(세밀하게).
311 「권학가」는 남원 은적암에 머물 때 환세(換歲)하며 지은 것으로 추정된다.
312 노류한담(路柳閑談) 무사객(無事客) : 길가 버들 아래서 한가로이 이야기하는, 아무 일도 없는 나그네.
313 환세차(換歲次) : 설을 쉴 겸.
314 호호망망(浩浩茫茫) : 넓고 멀어서 끝이 없는 모양.

무사한 이 내 회포 부칠 곳 바이 없어
말로 하며 글을 지어 송구영신 하여보세
무정한 이 세월이 어찌 이리 무정한고
어화 세상 사람들아 인간칠십고래희[316]는
만고유전 아닐런가 무정한 이 세월을
역력히 헤어보니 광음 같은 이 세상에
부유[317] 같은 저 인생을 칠십평생 칭찬하여
드물 희자 전탄 말가

2. 어화 세상 사람들아 만고풍상[318] 겪은 손이
노래 한 장 지어보세 만고풍상 겪은 일을
산수 만나 소창[319]하고 어린 자식 고향 생각
노래 지어 소창하니 이 글 보고 웃지 말고
숙독상미[320] 하였어라 억조창생 많은 사람
사람마다 이러하며 허다한 언문 가사
노래마다 이러할까 귀귀자자 살펴내어
역력히 외워내서 춘삼월 호시절에

---

315 적세만물 : 격치만물(格致萬物)의 오기인듯. 만물의 이치를 궁구함.

316 인생칠십고래희(人生七十古來稀) : 두보의 「곡강」이란 시에 "酒債尋常行處有, 人生七十古來稀"(가는 곳마다 외상 술빚은 있지만, 인생 칠십 살기는 옛부터 드문 일)에서 나온 말. 줄여서 '고희'라고도 함.

317 부유(蜉蝣) : 하루살이.

318 만고풍상(萬古風霜) : 바람과 서리. 어려운 일을 많이 겪음.

319 소창(逍暢) : 갑갑한 마음을 시원하게 함.

320 숙독상미(熟讀嘗味) : 깊이 읽고 생각하여 참 뜻을 헤아림.

놀고 보고 먹고 보세

3. 강산 구경 다 던지고 인심풍속 살펴보니
부자유친 군신유의 부부유별 장유유서
붕우유신 있지마는 인심풍속 괴이하다
세상 구경 못한 인생 출생 이후 첨이로다
생장[321]한 이 내 곳에 인심풍속 한탄해서
불고가산[322] 발정하여 방방곡곡 찾아와서
매매사사 살펴보니 허다한 남녀 사람
사람마다 낯이 설고 인심풍속 하는 거동
매매사사 눈에 거쳐 타도타관[323] 아닐런가
이 내 좁은 소견으로 호풍호속[324] 보려 하고
어진 친구 좋은 벗을 일조이별[325] 하단 말가
산수풍경 다 던지고 동지섣달 설한풍에
촌촌전진[326] 하다가서 일소일파 하여 보세
어화 세상 사람들아 세상 풍속 모르거든
내 곳 풍속 살펴보소 이도 역시 시운이라
무가내라 할 길 없네 편답강산 아니하면

---

321 생장(生長) : 나서 자람.
322 불고가산(不顧家産) : 집안 살림을 돌보지 아니함.
323 타도타관(他道他官) : 다른 도와 다른 고을.
324 호풍호속(好風好俗) : 예로부터 내려오는 좋은 풍속.
325 일조이별(一朝離別) : 하루아침에 나뉘어 헤어짐.
326 이 마을에서 저 마을로 옮겨다님.

인심풍속 이런 줄을 아니 보고 어찌 알꼬
대저 인간 백천만사 보고나니 한이 없네

4. 자고급금 촌탁[327]하니 요순성세 그때라도
일천지하 많은 사람 사람마다 요순일세
윤회같이 둘린 운수 수원수구[328] 아닐런가
아무리 이 세상도 현인군자 있지마는
진토 중에 묻힌 옥석 뉘라서 분간하며
안빈낙도 하지마는 뉘라서 지도할꼬

5. 시운을 의논해도 일성일쇠[329] 아닐런가
쇠운이 지극하면 성운이 오지마는
현숙한 모든 군자 동귀일체하였던가
어렵도다 어렵도다 만나기도 어렵도다
방방곡곡 찾아들어 만나기만 만날진댄
흉중에 품은 회포 다른 할 말 바이 없고
수문수답[330] 하온 후에 당당정리[331] 밝혀내어
일세상 저 인물이 도탄중[332] 아닐런가

---

327 촌탁(忖度) : 미루어 헤아림.
328 수원수구(誰怨誰咎) : 남을 원망하거나 책망할 것이 없음.
329 일성일쇠(一盛一衰) : 한 번 성하면 한 번 쇠함.
330 수문수답(隨問隨答) : 묻는 대로 막힘 없이 대답함.
331 당당정리(堂堂正理) : 매우 정대(正大)하고 바른 도리.
332 도탄중(塗炭中) : 몹시 곤고(困苦)함의 비유. 진구렁이나 숯불에 빠졌다는 뜻.

함지사지[333] 출생들아 보국안민 어찌 할꼬

6. 대저 인간 초목군생 사생재천[334] 아닐런가
불시풍우[335] 원망해도 임사호천[336] 아닐런가
삼황오제 성현들도 경천순천[337] 아닐런가
효박한 이 세상에 불고천명[338] 하단 말가
장평갱졸[339] 많은 사람 ᄒᆞ놀님을 우러러서
조화 중에 생겼으니 은덕은 고사하고
근본조차 잊을소냐 가련한 세상 사람
각자위심 하단 말가 경천순천 하였어라
효박한 이 세상에 불망기본[340] 하였어라

7. 임금에게 공경하면 충신열사 아닐런가
부모님께 공경하면 효자효부 아닐런가
슬프다 세상 사람 자세 보고 공경하소

---

333 함지사지(陷之死地) : 죽을 곳에 빠짐.

334 사생재천(死生在天) : 죽고 사는 것이 하늘에 달려 있음.

335 불시풍우(不時風雨) : 비와 바람이 때에 맞지 않음.

336 임사호천(臨死號天) : 죽게 된 때를 당하면 하늘님을 부름.

337 경천순천(敬天順天) : 하늘을 공경하고 하늘의 이치를 따름.

338 불고천명(不顧天命) : 천명을 돌아보지 않음.

339 장평갱졸(長平坑卒) : 전국 시대의 조(趙)나라와 진(秦)나라가 전쟁하여 조나라가 패하매 진나라 장수 백기(白起)가 조나라 군사 40만 명을 사로잡아 장평이란 곳에서 파묻어 죽인 고사(故事).

340 불망기본(不忘其本) : 그 근본을 잊지 아니함.

나도 또한 출세후에 조실부모 아닐런가
정성 공경 없었으니 득죄 부모 아닐런가
나도 또한 충렬손[341]이 초야에 자라나서
군신유의 몰랐으니 득죄 군왕 아닐런가
허송 세월 지내나니 거연 사십 되었더라
사십 평생 이뿐인가 무가내라 할 길 없네

8. 하원갑 경신년에 전해 오는 세상 말이
요망한 서양 적이 중국을 침범해서
천주당 높이 세워 거소위[342] 하는 도를
천하에 편만[343]하니 가소절창 아닐런가
증전[344]에 들은 말을 곰곰히 생각하니
아동방 어린[345] 사람 예의오륜 다 버리고
남녀노소 아동주졸[346] 성군취당[347] 극성 중에
허송 세월 한단 말을 보는듯이 들어오니

---

341 충렬손(忠烈孫) : 충신 열사의 자손. 최제우의 7대조인 최진립(崔震立, 1568-1636)은 임진왜란에 아우와 함께 의병을 일으켰고, 병자호란에 남한산성이 포위되자 69세의 나이에 결사대를 이끌고 싸우다가 전사했음. 시호(諡號)는 정무(貞武). 1699년 숙종 25년에 사당을 세워 숭렬사라 사액(賜額)했는데, 뒤에 용산서원이 됨.

342 거소위(擧所謂) : 일컬어 말하는 바.

343 편만(遍滿) : 두루 가득 차니.

344 증전(曾前) : 일찍이.

345 어린 : 어리석은.

346 아동주졸(兒童走卒) : 철모르는 아이들과 어리석은 사람들.

347 성군취당(成群聚黨) : 도당(徒黨)을 모음.

무단[348]히 ᄒᆞ놀님께 주소간 비는 말이
삼십삼천 옥경대[349]에 나 죽거든 가게 하소
우습다 저 사람은 저의 부모 죽은 후에
신도 없다 이름하고 제사조차 안 지내며
오륜에 벗어나서 유원속사[350] 무삼 일고
부모 없는 혼령혼백 저는 어찌 유독 있어
상천[351]하고 무엇하고 어린 소리 말았어라
그 말 저 말 다 던지고 ᄒᆞ놀님을 공경하면
아동방 삼년 괴질 죽을 염려 있을소냐
허무한 너희 풍속 듣고 나니 절창이오
보고 나니 개탄일세

9. 내 역시 사십 평생 해음없이 지내나니
이제야 이 세상에 홀연히 생각하니
시운이 둘렀던가 만고 없는 무극대도
이 세상에 창건하니 이도 역시 시운이라
일일시시 먹는 음식 성경 이자 지켜내어
ᄒᆞ놀님을 공경하면 자아시 있던 신병
물약자효[352] 아닐런가 가중차제[353] 우환 없이

348 무단(無斷) : 아무 까닭이 없이.
349 옥경대(玉京臺) : 하늘 위에 옥황상제가 있다는 궁전.
350 유원속사(惟願速死) : 오직 빨리 죽기를 바람.
351 상천(上天) : 하늘로 올라감. 즉 천당 가는 것을 말함.

일년 삼백 육십일을 일조[354]같이 지내가니
천우신조 아닐런가

10. 차차차차 증험하니 윤회시운 분명하다
어화 세상 사람들아 이 내 경계 하는 말씀
세세명찰[355] 하온 후에 잊지 말고 지켜내어
성지우성[356] 공경해서 ᄒᆞ놀님만 생각하소
처자 불러 효유하고 영세불망하였어라
아동방 연년 괴질 인물 상해 아닐런가
나도 또한 이 세상에 편답주류[357] 하다가서
어진 사람 만나거든 시운시변[358] 의논하고
백년 신세 말하거든 이 글 주고 결의해서
붕우유신 하여 보세 우매한 이 내 말씀
잊지 말고 생각하소 우자천려[359] 그 가운데
필유일득[360] 되게 되면 그 아니 덕일런가
운수 관계 하는 일은 고금에 없는고로

---

352 물약자효(勿藥自效) : 약을 쓰지 아니해도 병이 저절로 나음.
353 가중차제(家中次第) : 집안의 위아래 사람.
354 일조(一朝) : 하루 아침.
355 세세명찰(細細明察) : 자세하게 밝혀 살핌.
356 성지우성(誠之又誠) : 정성 드리고 또 정성 드려.
357 편답주류(遍踏周流) : 널리 돌아다니고 두루 흘러다님.
358 시운시변(時運時變) : 때의 운수와 때의 변화.
359 우자천려(愚者千慮) : 어리석은 사람의 여러 가지 생각.
360 필유일득(必有一得) : 반드시 얻을 만한 것이 한 가지는 있음.

졸필졸문[361] 지어내어 모몰염치[362] 전해 주니
이 글 보고 웃지 말고 흠재훈사[363] 하였어라

도덕가(道德歌)[364]

1. 천지음양 시판[365] 후에 백천만물 화해 나서
지우자 금수요 최령자 사람이라
전해 오는 세상 말이 천의 인심[366] 같다 하고
대정수 주역괘에 난측자[367] 귀신이오
대학에 이른 도는 명명기덕 하여내어
지어지선[368] 아닐런가 중용에 이른 말은
천명지위성[369]이요 솔성지위도[370]요

361 졸필졸문(拙筆拙文) : 용렬한 글씨로 용렬하게 지은 글. 자기의 글씨와 자기가 지은 글을 낮추어 일컫는 말.

362 모몰염치(冒沒廉恥) : 염치 없는 줄을 알면서도 이를 무릅쓰고 함.

363 흠재훈사(欽哉訓辭) : 가르치는 말을 공경스레 받음.

364 「도덕가」는 1863년(계해년) 7월에 지은 것으로 추정된다. 유학에서 도덕군자를 논하고 있지만 참으로 도(道)와 덕(德)에 대해, 그리고 귀신에 대해 아는 사람이 적다고 한탄하며, 수심정기를 통해 인의예지를 할 수 있는 마음의 바탕을 마련하는 것이 중요하다고 노래한다. 그리고 도인이 지켜야 할 네 가지의 수칙을 제시하고 있다.

365 시판(始判) : 처음 나뉘어 열림.

366 천의(天意) 인심(人心) : 하늘의 뜻과 사람의 마음. 민심이 천심.

367 난측자(難測者) : 헤아리기 어려운 것.

368 지어지선(止於至善) : 지극히 착한 데에 머묾.

369 천명지위성(天命之謂性) : 하늘이 사람에게 품부한 것을 본성이라고 함.

수도지위교[371]라 하여 성경 이자 밝혀두고
아동방 현인달사 도덕군자 이름 하나
무지한 세상 사람 아는 바 천지라도
경외지심[372] 없었으니 아는 것이 무엇이며
천상에 상제님이 옥경대에 계시다고
보는 듯이 말을 하니 음양 이치 고사하고
허무지설 아닐런가 한나라 무고사[373]가
아동방 전해 와서 집집이 위한 것이
명색마다 귀신일세 이런 지각 구경하소
천지 역시 귀신이오 귀신 역시 음양인 줄
이같이 몰랐으니 경전 살펴 무엇하며
도와 덕을 몰랐으니 현인군자 어찌 알리

2. 금세는 이러하나 자고[374] 성현 하신 말씀
대인은 여천지합기덕[375] 여일월합기명[376]
여귀신합기길흉[377]이라 이같이 밝혀내어
영세무궁 전했으니 몰몰한 지각자는

---

370 솔성지위도(率性之謂道) : 그 본성을 따르는 것을 도(道)라고 함.
371 수도지위교(修道之謂敎) : 도(道)를 닦는 것을 교(敎)라 함.
372 경외지심(敬畏之心) : 공경하고 두려워하는 마음.
373 무고사(巫蠱事) : 무당과 판수의 일.
374 자고(自古) : 예로부터.
375 여천지합기덕(與天地合其德) : 천지와 더불어 그 덕에 합치함.
376 여일월합기명(與日月合其明) : 해와 달과 더불어 그 밝음을 같이함.
377 여귀신합기길흉(與鬼神合其吉凶) : 귀신과 더불어 그 길흉을 같이함.

옹총망총 하는 말이 지금은 노천[378]이라
영험 도사 없거니와 몹쓸 사람 부귀하고
어진 사람 궁박타고 하는 말이 이뿐이오
약간 어찌 수신하면 지벌[379] 보고 가세 보아
추세[380]해서 하는 말이 아무는 지벌도 좋거니와
문필이 유여하니 도덕군자 분명타고
모몰염치 추존하니 우습다 저 사람은
지벌이 무엇이게 군자를 비유하며
문필이 무엇이게 도덕을 의논하노

3. 아서라 너희 사람 보자 하니 욕이 되고
말하자니 번거하되 나도 또한 이 세상에
양의사상[381] 품기[382]해서 신체발부[383] 받아내어
근보가성[384] 사십 평생 포의한사[385]뿐이라도
천리야 모를소냐 사람의 수족동정[386]

---

378 노천(老天) : 노쇠한 하늘. 말세와 같은 뜻.

379 지벌(地閥) : 지체와 문벌을 아울러 이르는 말.

380 추세(趨勢) : 권세 있는 사람에게 붙어서.

381 양의사상(兩儀四象) : 양의는 음(陰)과 양(陽), 사상은 태양(太陽), 태음(太陰), 소양(少陽), 소음(少陰).

382 품기(稟氣) : 기운을 받음.

383 신체발부(身體髮膚) : 몸과 각 부분.

384 근보가성(僅保家聲) : 집안의 이름을 겨우 보존함.

385 포의한사(布衣寒士) : 벼슬이 없는 가난한 선비.

386 수족동정(手足動靜) : 손발의 움직임.

이는 역시 귀신이오 선악간 마음 용사[387]

이는 역시 기운이오 말하고 웃는 것은

이는 역시 조화로세 그러나 ᄒᆞ놀님은

지공무사[388] 하신 마음 불택선악[389] 하시나니

효박한 이 세상을 동귀일체 하단 말가

4. 요순지세에도 도척[390]이 있었거든

하물며 이 세상에 악인 음해 없단 말가

공자지세에도 환퇴[391]가 있었으니

우리 역시 이 세상에 악인지설 피할소냐

수심정기하여 내어 인의예지 지켜두고

군자 말씀 본받아서 성경 이자 지켜내어

선왕 고례 잃잖으니 그 어찌 혐의되며

세간 오륜 밝은 법은 인성지강[392]으로서

잃지 말자 맹세하니 그 어찌 혐의 될꼬

성현의 가르침이 이불청음성[393]하며

목불시악색[394]이라 어질다 제군들은

---

387 마음 용사(用事) : 마음의 작용, 마음 씀씀이.

388 지공무사(至公無私) : 지극히 공변되어 조금도 사사로움이 없음.

389 불택선악(不擇善惡) : 선과 악을 가리지 않음.

390 도척(盜跖) : 중국 춘추 시대의 큰 도적.

391 환퇴(桓魋) : 중국 춘추 시대의 송(宋)의 대부(大夫)인 상퇴(尙魋)의 별명. 간신으로 공자를 죽이려 함.

392 인성지강(人性之綱) : 사람 본성의 벼리. 사람의 본성에서 오륜이 크다는 뜻.

393 이불청음성(耳不聽淫聲) : 귀로 음란한 소리를 듣지 아니함.

이런 말씀 본을 받아 아니 잊자 맹세해서
일심으로 지켜내면 도성입덕 되려니와
번복지심 두게 되면 이는 역시 역리자요[395]
물욕 교폐되게 되면 이는 역시 비루자요[396]
헛말로 유인하면 이는 역시 혹세자요
안으로 불량하고 겉으로 꾸며내면
이는 역시 기천자[397]라 뉘라서 분간하리
이같이 아니 말면 경외지심 고사하고
경명순리[398] 하단 말가 허다한 세상 악질
물약자효[399] 되었으니 기이코[400] 두려우며
이 세상 인심으로 물욕 제거하여내어
개과천선 되었으니 성경 이자 못 지킬까
일일이 못 본 사람 상사지회[401] 없을소냐
두어 귀 언문 가사 들은 듯이 외워내어
정심수도 하온 후에 잊지 말고 생각하소

394 목불시악색(目不視惡色) : 눈으로 악한 빛을 보지 아니함.
395 마음을 자꾸 바꾸는 사람은 이치를 거역하는 사람이요.
396 물욕에 마음이 가리운 자는 비루하고 천한 사람이요.
397 기천자(欺天者) : ᄒᆞ놀님을 속이는 사람.
398 경명순리(敬命順理) : 천명을 공경하고 천리를 순종함.
399 물약자효(勿藥自效) : 약을 쓰지 않고 저절로 나음.
400 기이코(奇異코) : 기이하고.
401 상사지회(相思之懷) : 서로 생각하며 그리워하는 회포.

흥비가(興比歌)[402]

1. 시운[403] 벌가벌가하니 기측불원[404]이라
내 앞에 보는 것을 어길 바 없지마는
이는 도시[405] 사람이오 부재어근[406]이로다
목전지사[407] 쉬이 알고 심량[408] 없이 하다가서
말래지사[409] 같잖으면 그 아니 내 한인가
이러므로 세상 일이 난지이유이[410]하고
이지이난[411]인 줄을 깨닫고 깨달을까

2. 명명한 이 운수는 다 같이 밝지마는

---

402 「흥비가」는 1863년 8월에 지은 것으로 되어 있다. 흥비가(興比歌)란 시경의 흥체와 비체를 사용하여 읊는 노래라는 뜻. 흥과 비는 각각 『시경(詩經)』의 여섯 가지 체(體), 곧 풍(風), 아(雅), 송(頌), 부(賦), 비(比), 흥(興) 가운데의 하나임. 흥은 하고 싶은 말을 하기 전에 관련된 것으로 먼저 분위기를 띄움으로써 시를 이끌어가는 형식을 말하며, 비는 어떤 사물을 끌어대어 그와 비슷한 다른 사물을 비유하는 방식을 말한다.

403 시운(詩云) : 『시경』에 이르기를.

404 벌가벌가(伐柯伐柯)하니 기측불원(其則不遠) : 도끼자루 찍으려면 그 본보기가 가까이 있다. 도끼자루를 깎아서 만들려고 할 때 그 본보기가 되는 도끼자루가 가까이 있다는 뜻. 본보기가 멀리 있지 않다는 말.

405 도시(都是) : 이것 저것 할 것 없이 모두. 도무지.

406 부재어근(不在於近) : 가까이에 있지 않다.

407 목전지사(目前之事) : 눈앞의 일.

408 심량(心量) : 깊은 헤아림.

409 말래지사(末來之事) : 마지막에 올 일. 끝에 닥칠 일.

410 난지이유이(難之而猶易) : 어려운 것 같은데 오히려 쉽고.

411 이지이난(易之而難) : 쉬운 듯한데 오히려 어려움.

어떤 사람 저러하고 어떤 사람 이러한지
이리 촌탁[412] 저리 촌탁 각각 명운 분명하다
의아 있는 그 사람은 천고청비[413] 그 문자를
궁사멱득[414]하여 내어 제소위 추리[415]라고
생각나니 이뿐이오 그런고로 평생소위[416]
일변은 교사하고 일변은 가소로다[417]
ᄒᆞ놀님이 높으시나 청비문자[418] 겁을 내서
말은 비록 아니하나 심사를 속여 내어
이 운수가 어떠할지 탁명[419]이나 하여 보자
모든 친구 유인하여 흔연대접 하는듯다
아서라 저 사람은 네가 비록 암사[420]하나
ᄒᆞ놀님도 모르실까 그 중에 몰각자는
조석지우[421] 있지마는 없는 것 구해 가며
온포지공[422] 착실하여 소위통정[423] 하는 말이

---

412 촌탁(忖度) : 남의 마음을 미루어서 헤아림.
413 천고청비(天高聽卑) : 하늘님은 높은 데 계시나 낮은 데의 소리를 잘 들음.
414 궁사멱득(窮思覓得) : 애써 생각하고 찾아 얻음.
415 제 나름대로 사리를 미루어서 생각함.
416 평생소위(平生所爲) : 평생의 한 일.
417 한편으로는 교묘하게 속이는 짓이요, 한편으로는 가소로운 짓뿐이다.
418 청비문자(聽卑文字) : 낮은 데의 소리를 잘 듣는다는 글귀.
419 탁명(托名) : 이름만 걸어놓음. 이 운수가 어떠할지 몰라 혹시나 하고 입도(入道) 하여 이름이나 걸어본다는 말.
420 암사(暗詐) : 슬그머니 남을 속임.
421 조석지우(朝夕之憂) : 아침밥과 저녁밥의 염려. 끼니 걱정.
422 온포지공(溫飽之供) : 옷과 밥으로 공양함.

성운성덕 우리 도유[424] 여사애당[425] 하거니와
심지상통[426] 아니할까 묻잖은 그 말이며
청찮은 그 소리를 툭툭 털어 다하자니
그 모양 오작할까 교사한 저 사람은
좋은 듯이 듣고 앉아 중심에 하는 말이
내 복인가 내 복인가 열세 자가 내 복인가
어찌 이리 좋은 운수 그때부터 없었는고
영험되고 좋은 말은 귀 밖으로 다 버리고
그 중에 불미지사[427] 달게 듣고 모아내어
흉중에 가득하면 마지못해 떠나가니
삼복염증 저문 날에 소리하고 오는 짐승[428]
귀에 와서 하는 거동 정분도 있는 듯고
이 세상 풍속됨이 음해가 주장이라
통기[429]하고 오자 하니 의심 없이 앉았다가
말초에 해가 미쳐 막지기단[430] 아닐런가

---

423 소위통정(所謂通情) : 서로 마음을 통하게 한답시고.

424 도유(道儒) : 같이 도를 닦는 선비.

425 여사애당(如斯愛黨) : 이와같이 무리들을 사랑함.

426 심지상통(心志相通) : 마음과 뜻이 서로 통함.

427 불미지사(不美之事) : 아름답지 못한 일.

428 모기를 비유해서 하는 말.

429 통기(通寄) : 통지.

430 막지기단(莫知其端) : 그 까닭을 알지 못함. 이 세상의 풍속됨이 음해가 대부분인데 모기란 놈은 통지를 하고 오기 때문에 의심 없이 앉았다가 마지막에 당하게 된다는 말.

이 웬일고 이 웬일고 먼저 우는 그 짐승은
해아지심[431] 두게 되면 소리하기 뜻밖이요
이 웬일고 이 웬일고 아무려나 살펴보자
적은듯[432] 기다리니 그놈 자취 분명하다
지각 없다 지각 없다 이 내 사람 지각 없다
저 건너 저 배남게[433] 배가 어찌 떨어져서
만단의아 둘 즈음에 가마귀[434] 날아가서
즉시파혹[435] 하였더니 지각 없다 지각 없다
이 내 사람 지각 없다 백주대적[436] 있단 말을
자세히도 들었더니 지각 없다 지각 없다
이 내 사람 지각 없다 포식양거[437] 되었으니
문장군[438]이 너 아니냐

3. 그 중에 현인달사 내 말 잠깐 들어보소
합기덕[439] 알았으니 무위이화 알지마는
그러나 자고급금 사사상수[440] 한다 해도

---

431 해아지심(害我之心) : 나를 해치려는 마음.
432 적은 듯 : 잠깐.
433 배남게 : 배나무.
434 가마귀 : 까마귀.
435 즉시파혹(卽時破惑) : 의혹을 풀어 버림.
436 백주대적(白晝大賊) : 대낮에 무리를 지어 날뛰는 도둑.
437 포식양거(飽食揚去) : 배불리 먹고 물러남.
438 문장군(蚊將軍) : 모기. 모기 장군이란 말은 빈정거리는 뜻이 있음.
439 합기덕(合其德) : 하늘님의 덕과 합치함.

자재연원[441] 아닐런가 일일이 거울해서
비야흥야[442] 하였으니 범연간과[443] 하지 말고
숙독상미 하였어라

4. 칠팔세 글을 배워 심장적구[444] 하여내어
청운교 낙수교[445]에 입신양명할 마음은
사람마다 있지마는 깊고 깊은 저 웅덩에
진심갈력[446] 지은 글을 넣고 나니 허무하다
천수[447]만 바라다가 많고 많은 그 사람에
몇몇이 참예해서 장악원[448] 대풍류로
삼일유가[449] 기장하다 이 일 저 일 볼작시면
허무하기 다시 없어 아니 가자 맹세해도

---

440 사사상수(師師相授) : 차례로 스승이 전해줌. 윗 스승에게서 다음 스승에게로 차례로 물려줌.

441 자재연원(自在淵源) : 직접 가르침을 받지 않았어도 도법만 바르게 깨달으면, 도의 연원이 자기에게 달렸음.

442 비야흥야(比也興也) : 시경(詩經)의 표현 방법인, 비체(比體)와 흥체(興體)를 사용하여 이를 읊음.

443 범연간과(凡然看過) : 대강 보는 중에 빠뜨리고 넘어감.

444 심장적구(尋章摘句) : 옛 사람의 글귀를 따서 글을 짓는 일.

445 청운교 낙수교(青雲橋 洛水橋) : 창경궁 안에 있는 다리 이름. 벼슬길로 나아가기 위해서는 청운교와 낙수교 같은 다리를 건너야 한다는 뜻.

446 진심갈력(盡心竭力) : 마음을 다하고 힘을 있는 대로 다함.

447 천수(天數) : 하늘이 준 좋은 운수.

448 장악원(掌樂院) : 조선 시대 음악을 담당하던 관청.

449 삼일유가(三日遊街) : 과거에 급제한 사람이 사흘 동안 시관과 선배, 고향의 친지 등을 방문하여 인사하던 일.

내 운수 내가 몰라 종종이[450] 다니다가
이 내 마음 마칠진댄 그 아니 운수런가

5. 원처[451]에 일이 있어 가게 되면 내가 이코[452]
아니 가면 해가 되어 불일발정[453] 하다가서
중로에 생각하니 길은 점점 멀어지고
집은 종종 생각나서 금치 못한 만단의아[454]
배회노상 생각하니 정녕히 알작시면
이 걸음을 가지마는 어떨런고 어떨런고
도로 회정하였더니 저 사람 용렬하고
글 네 자 밝혀내어 만고사적[455] 소연[456]하다
아홉 길 조산[457]할 때 그 마음 오작할까
당초에 먹은 생각 과불급 될까 해서
먹고 먹고 다시 먹고 오인육인[458] 모을 때는
보고 나니 자미되고 하고 나니 성공이라
어서 하자 바삐 하자 그러그러 다해갈 때

---

450 발을 가까이 자주 떼며 급히 걷는 걸음으로.
451 원처(遠處) : 먼 곳.
452 이롭고.
453 불일발정(不日發程) : 며칠 안에 길을 떠남.
454 만단의아(萬端疑訝) : 만 갈래의 의심스러움.
455 만고사적(萬古事蹟) : 먼 옛적의 역사에 남은 사실.
456 소연(昭然) : 사리가 뚜렷이 드러나서 밝음.
457 조산(造山) : 산을 쌓아서 만듦.
458 오인육인(五仞六仞) : 다섯 길 여섯 길.

이번이나 저번이나 차차차차 풀린 마음
조조[459]해서 자주 보고 지질해서[460] 그쳤더니
다른 날 다시 보니 한 소쿠리 더했으면
여한 없이 이룰 공을 어찌 이리 불급한고
이런 일을 본다 해도 운수는 길어지고
조가튼[461] 잠시로다 생각고 생각하소

6. 연포한 좋은 남기[462] 두어자 썩었은들
양공은 불기[463]라도 그 말이 민망하다
장인이 불급하여 아니 보면 어찌 하리

7. 그 말 저 말 다 하자니 말도 많고 글도 많아
약간 약간 기록하니 여차여차 우여차[464]라
이 글 보고 저 글 보고 무궁한 그 이치를
불연기연 살펴내어 부야흥야 비해 보면
글도 역시 무궁하고 말도 역시 무궁이라
무궁히 살펴내어 무궁히 알았으면
무궁한 이 울 속에 무궁한 내 아닌가

---

459 조조(躁躁) : 몹시 조급하게 굶.
460 지질해서 : 싫증이 나고 지리하여.
461 조가튼 : 조급함, 조급증.
462 연포한 좋은 남기 : 아름드리 되는 큰 나무.
463 양공은 불기 : 재주가 있는 장인은 썩은 나무라고 버리지 않음.
464 여차여차 우여차 : 이러이러하고 또 이러이러함.

(附). 劍訣(칼노래)[465]

시호시호[466] 이 내 시호 부재래지[467] 시호로다
만세일지 장부[468]로서 오만년지 시호로다
용천검 드는 칼을 아니 쓰고 무엇하리
무수장삼 떨쳐입고 이 칼 저 칼 넌즛 들어
호호망망 넓은 천지 일신으로 비껴 서서
칼 노래 한 곡조를 시호시호 불러내니
용천검 날랜 칼은 일월을 희롱하고
게으른 무수장삼 우주에 덮여 있네
만고명장 어디 있나 장부당전 무장사[469]라
좋을시고 좋을시고 이 내 신명 좋을시고

---

465 「검결」은 1861년 4월경에 지은 것으로 되어 있다. 그러나 「검가」는 1862년 2월에 은적암에서 지은 것으로 되어 있다. 이 「검결」과 「검가」가 같은 것인지 알 수 없다. 『용담유사』를 간행할 때도 빠져 있다. 현재 남아 있는 것은 『일성록』, 『천도교창건사』, 『동학서 검가』의 세 종류이다. 여기 수록된 것은 『천도교창건사』의 기록이다.

466 시호시호(時乎時乎) : 때로다 때로다.

467 부재래지(不再來之) : 다시 오지 않을.

468 만세일지(萬世一之) 장부(丈夫): 만세에 한 번 태어날만큼 대단한 장부.

469 장부당전(丈夫當前) 무장사(無壯士) : 이 대장부 앞에 당해 낼 장사가 없다.

| 연보 |

1924년 10월 28일(음)	경주 가정리(현 경상북도 경주군 현곡시 가정리 315)에서 출생.
1833년(10세)	모친 한씨 부인 세상을 뜸.
1840년(17세)	부친 근암공 세상을 뜸.
1842년(19세)	부친의 삼년상(三年喪)을 마치고, 울산의 박씨 부인과 결혼. (13세에 결혼했다는 설도 있으나 『천도교서』의 기록에 따라 19세라고 봄.)
1843년(20세)	화재로 책과 세간을 모두 불태움. 이 무렵 무과를 보기 위해 무예 수련을 함.
1844년(21세)	무예 공부를 포기하고 장삿길로 나섬(주유천하).
1854년(31세)	10년간의 주유천하를 청산하고 고향으로 돌아옴. 이후 다시 거처를 처가인 울산 유곡동 여시바윗골로 옮겨 본격적인 구도 수행을 함.
1855년(32세)	울산 여시바윗골에서 이인(異人)으로부터 천서(天書)를 받는 신비 체험을 함[乙酉天書].
1856년(33세)	천성산 내원암에서 49일 수련을 함. 47일 만에 숙부의 죽음을 투시하는 이적을 체험함.
1857년(34세)	천성산의 적멸굴(寂滅窟)이라는 자연 동굴에서 49

	일 수련을 함.
1859년 10월(36세)	철점을 경영하다 실패한 후 처자를 데리고 경주 용담(龍潭)으로 다시 돌아옴. 이름을 제선(濟宣)에서 제우(濟愚)로 고치고, '불출산외(不出山外)'를 맹세한 후 수련에 정진.
1860년 4월 5일(37세)	결정적인 종교 체험을 통해 하늘님으로부터 무극대도를 받음. 이후 계속해서 여러 달을 하늘님과 문답을 주고받는 체험이 이어짐. 이 기간 동안에 「용담가(龍潭歌)」, 「안심가(安心歌)」 등의 가사와 「검결(劍訣)」을 지음.
1861년 6월(38세)	봄에 「포덕문(布德文)」을 짓고, 용담으로 찾아오는 사람들에게 본격적인 포덕(布德)을 시작. 이후 「교훈가(敎訓歌)」를 지음.
1861년 11월(38세)	관의 지목을 피해 용담을 떠나 남원 은적암(隱蹟菴)에 은거. 여기서 「도수사(道修詞)」, 「권학가(勸學歌)」 등의 가사를 짓고 또 「논학문(論學文)」을 지음.
1862년 3월(39세)	은적암을 떠나 경주 근교 박대여(朴大汝)의 집에 머묾. 「수덕문(修德文)」과 「몽중노소문답가(夢中老少問答歌)」를 지음.
1862년 9월	동학의 입도자가 많이 늘어나자, 같은 달 29일(음)에 경주 영장(營將)이 체포하여 가둠. 700여 인의 교도들의 항의를 받고 풀어 줌.
1862년 11월	용담을 떠나 흥해(興海) 손봉조(孫鳳祚)의 집으로 가서 포덕을 하고, 12월 동학의 조직을 좀 더 공고히 하기 위해, 최초로 접(接)을 구성하고 접주(接主)를 임명함.

1863년 1월(40세)	「결(訣)」과 「탄도유심급(歎道儒心急)」을 지음.
1863년 3월	용담으로 다시 돌아와 활발히 포덕 활동을 전개함.
1863년 7월	「도덕가(道德歌)」를 지음.
1863년 8월	「흥비가(興比歌)」를 지음.
1863년 8월 14일	수제자 최시형(崔時亨, 당시의 이름은 최경상[崔慶翔])에게 도통(道統)을 전수함.
1863년 11월	「불연기연(不然其然)」을 짓고, 「팔절(八節)」을 지음.
1863년 12월 10일	선전관 정운구(鄭雲龜) 등에 의해 체포됨. 체포 이후 서울로 압송되다가 철종의 승하로 다시 대구 감영으로 압송됨.
1864년 3월 10일(41세)	좌도난정률(左道亂正律)의 죄목으로 대구 관덕당(觀德堂) 장대(將臺)에서 참형을 당함.
1880년	강원도 인제 갑둔리(甲遁里)에서 한문으로 된 경편(經篇)들을 모아 유저인 『동경대전(東經大全)』을 목판으로 간행.
1881년	충청도 단양 천동(泉洞)에서 한글 가사로 된 경편(經篇)들을 모아 『용담유사(龍潭遺詞)』 간행.

| 참고 문헌 |

• 경전 및 일차 자료

『東經大全』

『龍潭遺詞』

『海月神師法說』

『海月文集』

『理氣大全』

『無體法經』

『義菴聖師法說』

『崔先生文集道源記書』

『天道教創建史』

『本教歷史』

『天道教會史草稿』

『天道教書』

吳知泳, 『東學史』

『侍天教歷史』

『侍天教宗繹史』

『大先生事蹟』

『海月神師實史』

『海月先生七十二年史』

『承政院日記』

『日省錄』

『朝鮮王朝實錄』

『近庵集』

『近庵遺稿』

元容汶 外 編,『海月先生法說註解』, 東學宗團協議會, 1978.

天道教中央總部,『天道教百年略史(上)』, 미래문화사, 1981.

_____ ,『天道教經典』, 天道教中央總部, 1993.

韓國學文獻研究所 編,『東學思想資料集』 1,2,3권, 亞細亞文化社, 1979.

『東學文書』, (『韓國民衆運動史資料大系』, 1894年의 農民戰爭篇), 驪江出版社, 1985.

國史編纂委員會 編,『東學亂記錄』 上下. 전구당, 1971.

李敦化,『東學之人生觀』, 天道教中央總部, 1972.

_____ ,『水雲心法講義』, 天道教中央宗理院, 1926.

_____ ,『新人哲學』, 天道教中央總部, 1968.

_____ ,『天道教創建史』, 京仁文化社, 1970.

_____ ,『人乃天要義』,『東學思想資料集 2』, 亞細亞文化社, 1979.

崔起榮 · 朴孟秀 編,『韓末 天道教 資料集 1, 2』, 國學資料院, 1997.

• 단행본

김상일,『동학과 신서학』, 서울: 지식산업사, 2000.

_____ ,『수운과 화이트헤드』, 서울: 지식산업사, 2001.

김승복,『천재하방: 한울은 어디에 있는가』, 서울: 모시는사람들, 2009.

김용옥, 『東經大全 1』, 서울: 통나무, 2004.
김용휘, 『우리 학문으로서의 동학』, 서울: 책세상, 2006.
김인환, 『동학의 이해』, 서울: 고려대출판부, 1994.
김정인, 『천도교 근대 민족운동 연구』, 한울아카데미, 2009.
김지하, 『생명』, 서울: 솔, 1992.
_____, 『동학이야기』, 서울: 솔, 1994.
_____, 『님』, 서울: 솔, 1996.
_____, 『예감에 가득 찬 숲그늘』, 서울: 실천문학사, 1999.
_____, 『생명학 1,2』, 서울: 화남출판사, 2003.
노길명, 『한국신흥종교연구』, 서울: 경세원, 2001.
노태구 엮음, 『東學革命의 硏究』, 서울: 백산서당, 1982.
동학농민전쟁100주년기념사업추진위원회, 『동학농민전쟁연구자료집1』, 서울: 여강, 1991.
_____, 『동학농민전쟁사료총서 1-30』, 史芸硏究所, 1996.
동학농민혁명기념사업회, 『동학농민혁명과 사회운동』, 서울: 하늘, 1993.
_____, 『동학농민혁명의 동아시아사적 의미』, 서울: 서경, 2002.
라맹재, 『천도교 경전 공부하기』, 서울: 모시는사람들, 2010.
박맹수, 『동경대전』, 서울: 지식을만드는지식, 2009.
_____, 『사료로 보는 동학과 동학농민혁명』, 서울: 모시는사람들, 2009.
부산예대 동학연구소 편, 『해월 최시형과 동학사상』, 서울: 예문서원, 1999.
백세명, 『東學思想과 天道敎』, 서울: 동학사, 1969.
_____, 『천도교경전해의』, 천도교중앙총부, 1969.
신용하, 『동학사상과 갑오농민혁명』, 서울: 일조각, 1993.
신일철, 『동학사상의 이해』, 서울: 사회비평사, 1995.
오강남, 『세계 종교 둘러보기』, 서울: 현암사, 2003.

오문환, 『사람이 하늘이다』, 서울: 솔, 1996.
_____, 『동학의 정치철학』, 서울: 모시는사람들, 2004.
_____, 『해월 최시형의 정치사상』, 서울: 모시는사람들, 2004.
유병덕 編, 『東學 · 天道敎』, 서울: 시인사, 1987.
윤노빈, 『新生哲學』, 서울: 학민사, 2003.
윤석산, 『東經大全 註解』, 서울: 동학사, 1996.
_____, 『龍潭遺詞 註解』, 서울: 동학사, 1999.
_____, 『동학교조 수운 최제우』, 서울: 모시는사람들, 2004.
윤석산 옮김, 『道源記書』, 서울: 문덕사, 1991.
의암손병희기념사업회, 『의암손병희선생전기』, 동사업회, 1967.
이강오 외, 『韓國近代史에 있어서의 東學과 東學農民運動』, 韓國精神文化研究院, 1994.
이이화, 『민중의 함성 동학농민전쟁: 한국사이야기 18』, 서울: 한길사, 2003.
정혜정, 『동학 · 천도교의 교육사상과 실천』, 서울: 혜안, 2001.
조기주, 『東學의 原流』, 천도교중앙총부출판부, 1979.
_____, 『天道敎宗令集』, 천도교중앙총부출판부, 1983.
조용일, 『東學造化思想硏究』, 서울: 동성사, 1988.
최동희, 『東學의 思想과 運動』, 서울: 성균관대학교출판부, 1980.
_____, 『위대한 한국인 2 : 해월 최시형』, 서울: 태극출판사, 1970.
_____, 『새로 쓰는 동학: 사상과 경전』, 서울: 집문당, 2003.
최동희 · 유병덕 공저, 『韓國宗敎思想史 3』, 서울: 연세대학교출판부, 1999.
최준식, 『한국의 종교 문화로 읽는다 2: 도교 · 동학 · 신종교』, 서울: 사계절, 1998.
최종성, 『동학의 테오프락시』, 서울: 민속원, 2009.

표영삼, 『동학 1: 수운의 삶과 생각』, 서울: 통나무, 2004.
_____, 『동학 2: 해월의 고난 역정』, 서울: 통나무, 2005.
한국사상연구회, 『최수운연구: 최수운 탄생 150년기념논집』, 한국사상연구회, 1974(12집).
한태원, 『하늘님이 개벽하시니 내 삶도 개벽하라』, 서울: 모시는사람들, 2003.
허수, 『이돈화 연구: 종교와 사회의 경계』, 역비한국학연구총서 33, 서울: 역사비평사, 2011.
황선명, 『民衆宗教運動史』, 서울: 종로서적, 1980.
_____, 『朝鮮朝宗教社會史研究』. 서울: 일지사, 1985.
황선희, 『한국근대사상과 민족운동 1: 동학 · 천도교편』, 서울: 혜안, 1996.

• 학위 논문

고건호, 『韓末 新宗教의 文明論: 東學, 天道教를 중심으로』, 서울대 박사논문, 2002.
김용휘, 『侍天主 思想의 변천을 통해 본 동학』, 고려대 박사논문, 2004.
김정인, 『日帝强占期 天道教團의 民族運動 연구』, 서울대 박사논문, 2002.
김춘성, 『東學 天道教의 수련과 사회적 실천 연구』, 한양대 박사논문, 2009.
노무지, 『東學의 民族主義 運動에 대한 연구』, 중앙대 박사논문, 1990.
노영필, 『東學의 生命思想 연구』, 전남대 박사논문, 2003.
배항섭, 『東學農民戰爭 연구』, 고려대 박사논문, 1996.
오문환, 『海月 崔時亨의 生活政治思想 연구』, 연세대 박사논문, 1995.
윤석산, 『龍潭遺詞 연구』, 한양대 박사논문, 1985.
이원희, 『東學의 侍天主 思想에 관한 연구』, 대구가톨릭대 박사논문,

2003.
임형진, 『東學과 天道教 青友黨의 民族主義 연구』, 경희대 박사논문, 1998.
정혜정, 『東學 · 天道教의 教育思想과 實踐의 歷史的 意義』, 동국대 박사논문, 2001.
박맹수, 『崔時亨 연구: 主要活動과 思想을 中心으로』, 한국정신문화원 박사논문, 1996.
정규훈, 『韓國近代宗教의 思想과 實際에 관한 硏究』, 성균관 대학교 박사논문, 1998.
조용일, 『東學의 造化思想에 관한 연구』, 동국대 박사논문, 1986.
황선희, 『東學의 思想變遷과 民族運動 연구』, 단국대 박사논문, 1990.

• 논문

강우, 「해월선생 칠십년사」 『신인간』 11. 1927. 3.
강재언, 「갑오농민전쟁과 동학사상」, 『季刊 三千里』, 1982. 3.
_____, 「동학사상과 농민전쟁」, 『한국의 근대사상』, 한길사, 1985. 4.
김경재, 「최수운의 신개념」, 『한국사상』 12, 1974. 11.
_____, 「최수운의 시천주와 역사 이해」, 『한국사상』 15, 1977. 9.
_____, 「동학혁명과 농민의 맥박」, 『씨알의 소리』 81, 1979. 2.
_____, 「종교적 입장에서 본 현도 100년의 천도교」, 『동학학보』, 제10권 1호, 2006. 6.
김경탁, 「東學의 『東經大典』에 關한 硏究」, 『亞細亞硏究』 14권 제1호, 1971.
김광일, 「최수운의 종교체험」, 『한국사상』 12, 1974. 12.
김용덕, 「해월의 생애」, 『동학사의 연구』, 1971.

_____, 「여성운동, 어린이운동의 창시자 해월선생」, 『한국사수록』, 1984. 3.
_____, 「동학사상의 독자성과 세계성」, 『한국사시민강좌』 4, 일조각, 1989. 2.
김용해, 「손병희의 '무체법경'과 조지 허버트 미드의 '정신, 자아 그리고 사회'」, 『동학학보』, 제10권 1호, 2006. 6.
김용휘, 「최제우의 시천주에 나타난 천관」, 『한국사상사학』, 20집, 2003. 6.
_____, 「동학 신관의 재검토」, 『동학학보』, 제9권 1호, 2005. 6.
_____, 「수운 최제우의 아국의식과 동학의 어원적 의미」, 『한민족문화학회』, 제20집, 2007.2.
김의환, 「동학사상의 사회적 기반과 사상과 배경」, 『한국사상』 6, 7.
김인환, 「동학의 논리」, 『한국언어문학』 16, 언어문학회, 1978.
김정인, 「萬歲報를 통해서 본 天道教의 政治改革論」, 『동학연구』 제13집.
김지하, 「앵산기행: 최해월의 밥사상의 재검토」, 『남녘땅 뱃노래』, 두레, 1985.
_____, 「'아니다 그렇다'의 진리: 불연기연」, 『신인간』 491, 1991.2.
김춘성, 「동학의 자연과 생태적 삶」, 『동학학보』, 창간호, 2000.
남태욱, 「동학농민혁명과 독일농민전쟁의 비교적 고찰: F.엥겔스의 외피론을 중심으로」, 『동학학보』 제19호, 2010. 6.
문명숙, 「동학, 생명, 인간: 동학사상과 현대사상과의 관계」, 『동학학보』, 창간호, 2000.
박경환, 「동학과 유학사상」, 『동학학보』, 제5호, 2003. 6.
박맹수, 「東經大典에 對한 分析的研究(上·中·下)」, 『신인간』, No.464-466, 1988.
_____, 「해월 최시형의 행장 연구(1)」, 『釋山鐘萬博士華甲紀念論文集: 韓

國思想史』, 원광대출판사, 1991. 6.
______, 「東學資料의 再檢討(上 · 下)」, 『신인간』, No.473-474, 1988.
______, 「한국 근대 민중종교의 개벽사상과 원불교의 마음공부」, 『동학학보』, 제13호, 2007. 6.
박소정, 「Individual and Entirety in Donghak Thought」, 『동학학보』, 20호, 2010.
박용옥, 「동학의 남녀평등사상」, 『역사학보』 91, 1981. 9.
백세명, 「천도교의 우주관, 인생관, 종교관」, 『신인간』, 1964. 8.
성해영, 「수운(水雲 崔濟愚) 종교체험의 비교종교학적 고찰」, 『동학학보』, 제18호, 2009. 12.
신용하, 「새 資料 東學 第二世 教祖 崔時亨 調書: 判決文」, 『한국학보』 2, 1976.
______, 「자료 소개: 최시형의 내칙-내수도문-유훈」, 『한국학보』 12, 1978.
______, 「새 資料 東學 第二代 教祖 崔時亨의 理氣大全」, 『한국학보』 21, 1980.
신일철, 「동학사상의 전개: 시천주 사인여천을 거쳐 인내천 사상에로」, 『한국사상』 17, 1980.2.
______, 「동학사상의 도교적 성격문제: 지기와 시천주의 관계」, 『한국사상』 20, 1985.
______, 「최시형의 범천론적 동학사상」, 『동학사상의 이해』, 사회비평사, 1995.
안영상, 「경북지역의 사상적 풍토에서 본 동학의 위상: 퇴계에서 수운까지 사상적 변천을 중심으로」, 『동학학보』, 제10권 2호, 2006. 12.
오문환, 「의암 손병희의 성심관: '무체법경'을 중심으로」, 『동학학보』, 제10권 1호, 2006. 6.
윤노빈, 「동학의 세계사상적 의미」, 『한국사상』 12, 1974. 11.

윤석산,「龍潭遺詞에 나타난 水雲의 人間觀」,『신인간』, No.418, 1984.
_____,「龍潭遺詞에 나타난 水雲의 대외의식」,『한양어문연구』, 한양어문연구회, 1985. 10.
_____,「東學運動의 開闢思想」,『韓國文化』 No.8, 서울대 한국문화연구소, 1987.
_____,「東學에 나타난 道敎的 要素」,『道敎思想의 韓國的 展開』, 서울: 亞細亞文化史, 1990.
_____,「용담유사에 나타난 변혁의 의지」,『겨레문학』 3/3, 지평, 1990. 3.
_____,「새로 발견된 목판본 "동경대전"에 관하여」,『동학학보』, 20호, 2010.
정혜정,「동학사상의 탈근대성과 교육철학적 전망」,『동학학보』, 제10권 1호, 2006.6.
_____,「불교를 통해 본 동학의 생명적 사유와 만물일체」,『동학학보』, 제16호, 2008. 12.
조광,「19세기 후반 서학과 동학의 상호관계에 관한 연구」,『동학학보』, 제6호, 2003. 12.
조용일,「수운이 창도한 동학의 사상적 배경」,『한국사상』 10, 1972.
최동희,「水雲의 人間觀」,『韓國思想』 No.1/2, 1957. 7.
_____,「해월신사의 양천주 사상」,『신인간』, 218, 1959.9.
_____,「동학사상의 고유성과 다양성」,『한국학』 3, 중앙대 한국학연구소, 1974. 3.
_____,「해월의 인품과 사상 1-6」,『신인간』 380~381. 1980.8.
최수빈,「중국 도교의 관점에서 살펴본 동학의 사상과 수행: 도교 내단(內丹) 및 부주(符呪) 수행과의 연관성을 중심으로」,『동학학보』, 20호, 2010.

표영삼, 「최선생문집도원기서 해제」, 『신인간』 465, 1988. 12.
_____, 「해월신사 연표」, 『신인간』 427, 1985.3/4.
_____, 「내수도, 내칙, 대선생주문집」, 『한국사상』 19, 1982.
_____, 「水雲大神師의 生涯」, 『韓國思想』 No.20, 1985.
한우근, 「동학사상의 기본구조」, 『인문과학』 22, 연세대 인문과학연구소, 1969. 12.
_____, 「동학의 창도와 그 기본사상」, 『한국사』 15, 국사편찬위원회, 1975. 12.
한자경, 「동학의 종교성」, 『동학연구』, 제16집.

| 찾아보기 |

최제우의 철학

시천주와 다시개벽

펴낸날 1판 1쇄 2012년 12월 11일
지은이 김용휘
펴낸이 김훈순
펴낸곳 이화여자대학교출판부
주소 서울특별시 서대문구 이화여대길 52(우 120-750)
등록 1954년 7월 6일 제9-61호
전화 02) 3277-2965(편집)
02) 362-6076(마케팅)
팩스 02) 312-4312
전자우편 press@ewha.ac.kr
홈페이지 www.ewhapress.com
디자인 정혜진
찍은곳 한영문화사

ISBN 978-89-7300-964-0 94150
ISBN 978-89-7300-928-2(세트)

값 16,000원